초보자를 위한

SKIN SCUBA DIVING

2판

오경록 · 이원교 공저

보무각

초보자를 위한
SKIN SCUBA DIVING

지은이 오경록 · 이원교
펴낸이 이호동

발행처 보무각
주 소 / 서울시 서초구 바우뫼로7길 8
신 고 / 302-2003-00085
전 화 / 02) 468-0457
팩 스 / 02) 468-0458
e-mail / bomungak@naver.com

2판 발행 2021년 9월 15일
초판발행 2008년 1월 15일

값 10,000원
ISBN 978-89-6220-419-3 93510

머리말

작금의 우리나라는 여타 선진국들과 어깨를 같이 할 정도의 경제 대국으로 자리매김을 하고 있는 실정이다. 더불어 주 5일 근무제의 본격적인 도입 등으로 시간적 여유도 향유하게 되었다. 이러한 경제적 · 시간적 여유는 사람들의 개인적 여가활동에 많은 변화를 주고 있다.

SKIN SCUBA DIVING 또한 레저 스포츠의 한 부분으로 사람들의 관심을 끌고 있다. 이러한 관심이 높아지면서 많은 분들이 SKIN SCUBA DIVING의 문을 두드리고 있지만, SKIN SCUBA DIVING에 사용되는 특수한 장비와 인간의 신체구조상의 한계 등으로 일반인들이 쉽게 접하기가 어려운 레저 스포츠이기도 하다.

하지만 SKIN SCUBA DIVING이 가지는 매력은 일반인들은 쉽게 접하기 어려운스포츠 종목이라는 인식에도 불구하고 사람들의 잠재의식에 내재된 탐험심과 모험심 그리고 미지에 대한 호기심은 SKIN SCUBA DIVING에 관한 관심을 고조시키기에 충분하다.

사람들은 이러한 관심을 충족하기 위해 스킨스쿠버 다이빙 전문강사의 교육 또는 주위의 다이버, 언론매체, 특히 인터넷 서핑 등을 통해 많은 정보를 수집하고 판단하기도 한다.

이러한 현실적 한계와 주변 여건의 미성숙에 조금이나마 도움이 되었으면 하는 바람에서 저자들은 자신들이 소속된 교육 단체의 지도 방법 매뉴얼과 개인의 일천한 지식 · 기술을 종합하여 SKIN SCUBA DIVING을 접하는 초보자에게 보다 쉽고 안전하게, 또 스킨스쿠버 다이빙 전문강사에게 미약하나마 약간의 도움이 되고자하는 의도에서 이 책을 발간하게 되었다.

이 책은 저자들의 일천한 지식과 기술을 밑바탕으로 하여 발간된 것으로, 앞으로 부족한 부분은 다른 전문인들의 도움과 동참을 통해 많은 SKIN SCUBA DIVER들이 공감할 수 있는 책으로 거듭날 것을 약속드린다.

끝으로 이 책을 발간하게끔 많은 격려와 도움을 주신 분들께 감사드린다.

저자 일동

Contents

1 스킨스쿠버 다이빙을 시작하기 전에 7

1-1. 스킨스쿠버 다이빙을 시작하려면 / 8
1-2. 교육 단체 / 8
1-3. 교육레벨과 C-Card / 9
1-4. 처음은 오픈워터 다이버(Open water diver) / 10
1-5. 다이빙의 종류와 매력 / 11

2 먼저 수중에서 발생하는 여러 가지 변화부터 알도록 하자 13

2-1. 물체의 형태 / 14
2-2. 스쿠버 다이빙에 사용되는 공기 / 14
2-3. 압력 / 15
2-4. 수심에 따른 압력, 부피, 밀도의 변화 / 16
2-5. 압착과 역압착 / 압력평형, 상승시 호흡 / 17
2-6. 부력 / 19
2-7. 수중에서의 시각변화 / 21
2-8. 수중에서의 청각변화 / 22
2-9. 수중에서의 체온손실 / 22

3 수중에서의 언어(수신호) 23

O.K? O.K!
방향지시 신호
위험 신호
공기공급을 원할 때의 신호
일반적인 의사전달 신호

4 스킨스쿠버 다이빙시 어떠한 장비를 사용하는가 27

4-1. 스킨 다이빙(Skin Diving) 장비 / 28
4-2. 스쿠버 다이빙(SCUBA Diving) 장비 / 32

5 스킨스쿠버 다이빙 기술(Skill)을 익히자 41
5-1. 스킨 다이빙 장비 착용 / 42
5-2. 웨이트 벨트 착용 / 웨이트양 산출 / 43
5-3. 스노클 사용 / 44
5-4. 핀킥(Fin Kick) / 45
5-5. 근육경련 풀기 / 46
5-6. 서피스 다이브(Surface Dive) / 46
5-7. 스쿠버 다이빙 장비 결합 / 해체 / 47
5-8. 스쿠버 다이빙 장비 착용 / 49
5-9. B.C 내에 공기주입 / 배출 / 50
5-10. 입수(Entry) / 51
5-11. 물빼기(Clear) / 53
5-12. 레귤레이터 찾기(Regulator Recovery) / 54
5-13. 하강(Descent) / 56
5-14. 중성부력 조절 / 57
5-15. 수중유영 / 58
5-16. 상승(Ascent) / 58
5-17. 출수(Exit) / 59
5-18. 탈착 / 60
5-19. 비상상승 / 62
5-20. 지친 다이버 수면에서 이동시키기 / 65
5-21. 나침반 활용 / 66

6 안전수칙을 벗어난 다이빙을 하게 되면 이런 일도 발생할 수 있다 69
6-1. 폐의 과팽창으로 인한 상해 / 70
6-2. 감압병 / 72
6-3. 질소마취 / 73

7 여성 다이버는 몇 가지 더 알아두자 75
7-1. 신체적인 차이 / 76
7-2. 월경(Menstruation) / 76
7-3. 온도에 대한 적응력 / 77
7-4. 감압병(D.C.S) / 77
7-5. 임신(Pregnancy) / 78

8 **해양환경부터 이해하고 바다 다이빙을 즐기자 79**

8-1. 민물과 바닷물의 차이 / 80
8-2. 육풍과 해풍 / 80
8-3. 수온약층 / 80
8-4. 바닷물의 움직임 / 81
8-5. 바닥의 조건 / 83
8-6. 해양환경이 생물에게 미치는 영향 / 84
8-7. 수중생물에 대하여 / 85

9 **안전하고 즐거운 바다 다이빙을 위한 계획세우기와 진행 87**

9-1. 계획 세우기 / 88
9-2. 진행 / 89
9-3. 짝(Buddy) / 90

10 **골치아프다고 하는 다이브 테이블 쉽게 배우기 93**

10-1. 다이브 테이블의 사용 / 94
10-2. 체내의 질소 축적 / 94
10-3. NAUI 다이브 테이블의 사용 / 96
10-4. PADI 다이브 테이블의 사용 / 101
10-5. SSI 다이브 테이블의 사용 / 106

11 **부록 111**

11-1. 다이버의 안전수칙 / 112
11-2. 다이버의 매너 / 113
11-3. 장비목록표 / 114
11-4. 도량환산표 / 115
11-5. Dive Log / 116
11-6. 재압치료시설 / 117
11-7. 참고문헌 / 118

1. 스킨스쿠버 다이빙을 시작하기 전에

1-1. 스킨스쿠버 다이빙을 시작하려면

1-2. 교육 단체

1-3. 교육레벨과 C-Card

1-4. 처음은 오픈워터 다이버(Open Water Diver)

1-5. 다이빙의 종류와 매력

1-1. 스킨스쿠버 다이빙을 시작하려면

수중세계의 환상적인 경험을 하기 위해서는 스킨스쿠버 다이빙 전문강사(SKIN SCUBA DIVING INSTRUCTOR)를 통해 정규교육을 받는 것이 좋다. 스킨스쿠버 다이빙 전문강사는 공인된 다이빙 교육기관으로부터 다이빙 이론과 기술을 교육시킬 수 있도록 전문적인 교육과 훈련을 받은 사람으로, 안전하게 즐길 수 있는 다이빙을 교육할 것이다.

통상적으로 스킨스쿠버 다이빙은 거칠고 힘들기 때문에 신체가 건장하고 강인한 근육질의 소유자들만이 하는 것으로 많은 사람들에게 인식되어 있지만, 사실은 전혀 그러하지 않다. 정신적, 육체적인 면에서 건강하다면, 남녀노소 누구나 즐길 수 있다. 그러나 정신질환, 심장과 혈액순환 계통, 호흡기 계통, 신경 계통, 이비인후과 계통 등의 병력이 있거나, 있었던 사람은 다이빙을 시작하기 전에 전문의의 적절한 조언과 진단이 필요하다.

교육단체

BSAC
(The British Sub Aqua Club)

CMAS
(World Underwater Federation:영문표기)

IDEA
(International Diving Educators ㄴAssociation)

KUDA
(Korea Under-Water Diving Association)

NASE
(National Academy of Scuba Educators)

NAUI
(National Association of Under-Water Instructors)

PADI
(Professional Association of Diving Instructors)

PDIC
(Professional Diving Instructors Corp)

SDD
(Safe Diving Ddevelopment)

SSI
(Scuba Schools International)

IANTD
(International Association Nitrox and Technical Divers)

TDI/SDI
(Technacal Diving International /Scuba Diving International)

PSAI
(Professional Scuba Association International)

1-2. 교육 단체

다이빙 전문강사를 양성하는 단체는 BSAC, CMAS, IDEA, KUDA, NASE, NAUI, PADI, PDIC, SDD, SSI 등이 있다. 레크리에이션 다이빙과 테크니컬 다이빙을 함께 하는 단체는 IANTD, TDI/SDI, PSAI 등이 있다.

1-3. 교육레벨과 C-Card

스쿠버 다이빙 교육레벨은 교육단체에 따라 명칭은 조금씩 차이가 있지만, 통상적으로 오픈워터 다이버부터 다이브마스터까지 구분되어 있으며, 정규교육을 이수하면 C-Card(Certified-Caard)를 발급 받을 수 있다.

C-Card는 소지한 사람이 그 레벨에 해당하는 정규교육을 이수했다는 증명이므로, 스쿠버 다이빙 활동시에는 항상 소지해야 불이익을 당하는 일이 발생하지 않는다.

교육 레벨

레벨 1 : 오픈워터 다이버(Open Water Diver)
레벨 2 : 어드밴스드 다이버(Advanced Diver)
레벨 3 : 다이브 마스터(Dive Master)

스페셜티 코스(Specialty Course)

수중 방향 찾기(Under Water Navigation)
보트 다이빙(Boat Diving)
드라이슈트 다이빙(Dry suit Diving)
깊은 수심 다이빙(Deep Diving)
야간 다이빙(Night Diving)
흐린 물 다이빙(Low Visibility Diving)
구조 다이빙(Rescue Diving)
탐색과 인양(Search and Recovery)
난파선 다이빙(Wreck Diving)
얼음밑 다이빙(Ice Diving)
동굴 다이빙(Cave Diving)
고도 다이빙(High Altitude Diving)
수중 사진(Under-Water Photography)
장비 수리(Equipment Specialty)

각 교육 단체의 C-Card

1-4. 처음은 오픈워터 다이버(Open Water Diver)

오픈워터 다이버 교육 과정

각 교육 단체에서 권장하는 기준과 스킨스쿠버 다이빙 전문강사에 따라 변동이 있을 수 있지만, 통상적으로 1단계 이론 강의, 2단계 수영장 강습, 3단계 해양 실습으로 이루어진다.

1단계 : 이론 강의
스킨스쿠버 다이빙에 관한 기초이론을 이해하는 과정

이론 강의

2단계 : 수영장 강습
스킨스쿠버 장비 사용법과 스킨스쿠버 다이빙 기술을 숙달하는 과정

3단계 : 해양 실습
스킨스쿠버 다이빙 기술을 바다에서 종합적으로 응용하는 과정

수영장 강습

오픈워터 다이빙 교육 비용

오픈워터 다이빙 교육 비용은 교육 단체와 다이빙 전문점, 스킨스쿠버 다이빙 전문강사에 따라 다르지만, 기본으로 포함되는 항목은 다음과 같다.

- 교재비
- 이론 및 수영장 강습비
- 스쿠버 장비 렌탈비
- 수영장 입장료 / 실린더 사용료
- 해양 실습비(교통비, 숙식비, 보트 / 실린더 사용료, 가이드비)
- C-Card 발급비

해양 실습

1-5. 다이빙의 종류와 매력

다이빙의 종류

스킨 다이빙(Skin Diving)
스노클을 포함한 간단한 스킨 다이빙 장비를 사용하여 해녀와 같이 숨을 들이마신 후, 이를 참고 실시하는 다이빙

스킨 다이버

스쿠버 다이빙(Scuba Diving)
실린더 혹은 탱크, 렁이라 부르는 압축공기통에 공기를 압축시킨 후, 이를 스쿠버 다이빙 장비로 호흡하면서 활동하는 다이빙

스쿠버 다이버

헬멧 다이빙(Helmet Diving)
통상적으로 수면의 호스를 통해 압축공기를 공급받는 방식으로 주로 직업 다이버들이 사용

스킨스쿠버 다이빙의 매력

인간은 육상에서 걷고 뛰는 등의 평면이동을 하지만, 수중에서는 달나라에서의 우주인과 같이 공간이동으로 인한 무중력 세계의 자유로움을 만끽할 수 있다. 또한 한번도 구경하지 못했던 신기한 생물과의 교감과 전혀 색다른 환경을 체험할 수 있다.

헬멧 다이버

SCUBA : 수중자가 호흡기
(Self Contained Under-Water Breathing Apparatus)

2. 먼저 수중에서 발생하는 여러 가지 변화부터 알도록 하자

2-1. 물체의 형태

2-2. 스쿠버 다이빙에 사용되는 공기

2-3. 압력

2-4. 수심에 따른 압력, 부피, 밀도의 변화

2-5. 압착과 역압착 / 그리고 압력평형과 상승시 호흡

2-6. 부력

2-7. 수중에서의 시각 변화

2-8. 수중에서의 청각 변화

2-9. 수중에서의 체온 손실

2-1. 물체의 형태

물체의 형태

고체

형태가 고정되어 있고, 일정한 부피와 무게를 가진다.

액체

일정한 부피와 무게는 있으나, 액체를 담는 용기에 따라 형태가 변한다.

기체

무게와 공간은 차지하지만, 압력과 온도에 따라 부피와 형태가 일정치 않고 다양하게 변한다.

2-2. 스쿠버 다이빙에 사용되는 공기

일반적으로 잘못된 구전이나 매스컴 등으로 인해, 스쿠버 다이빙시에 산소(산소 100%)를 사용하는 것으로 알고 있으나, 이것은 일반 대기중의 공기(질소 78%, 산소 21%, 기타 1%)를 콤푸레셔(공기를 압축시키는 장비)로 압축시켜 사용한다. 이때 공기는 콤푸레셔내의 여과기와 습기 제거기를 거치기 때문에 깨끗하지만, 대기 중보다는 건조하기 때문에 탈수증을 예방하기 위해 다이빙 전후에 조금씩, 계속적으로 수분을 섭취하는 것이 좋다. 수분섭취를 위한 음료는 탄산가스, 알코올, 카페인등이 함유되지 않은 생수나 이온음료가 적당하다.

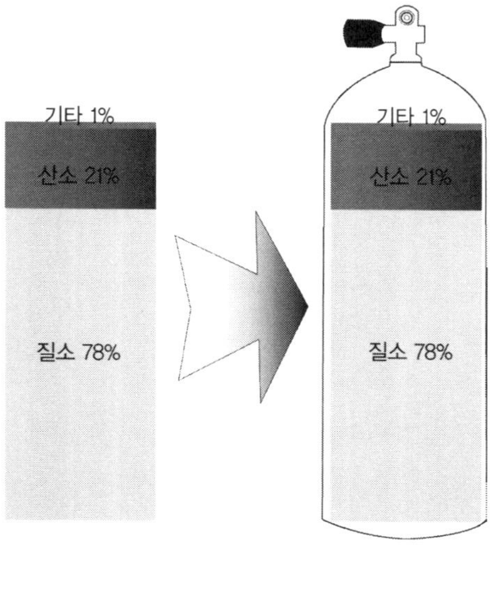

공기의 구성부분

2-3. 압력(Pressure)

압력이란 누르는 힘. 즉, 단위면적당 작용하는 힘이나 무게를 뜻한다. 사용되는 단위는 kg/cm^2(킬로그램 퍼 스퀘어 센티미터), bar(바), PSI(pound/inch^2, 파운드 퍼 스퀘어 인치) 등으로 표시한다.

1kg/cm² ≒ 1bar ≒ 14.7PSI

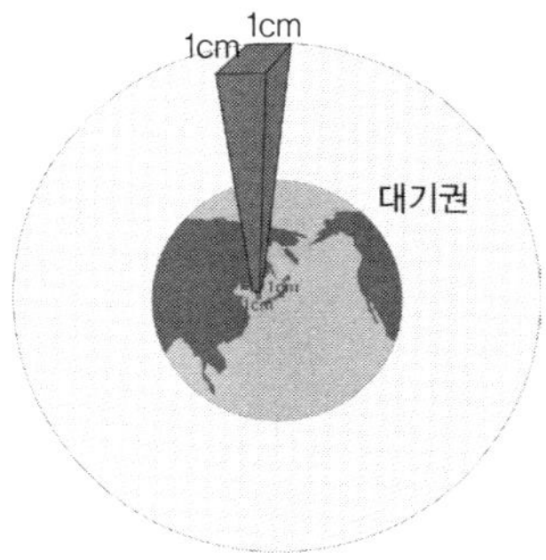

대기압(atm)

압력의 종류

대기압(atm)

공기가 누르는 힘. 즉, 지구를 둘러싸고 있는 대기권내의 공기무게를 뜻한다. 해수면에서의 대기압은 1이며, 해수면보다 높은 곳으로 올라가면 대기압은 점차 낮아지게 된다. 인체는 70%정도가 액체로 구성되어 있기 때문에 1기압 상태인 압력을 느끼지 못한 채 생활하고 있다. 그러나 인체에는 공기공간으로 형성되어 있는 부분(귀, 부비동, 폐 등)은 해수면보다 높은 산에 올라 가거나, 비행기를 타게 되면, 공기공간내의 압력이 낮아져 귀가 멍한 느낌을 받게 된다.

1kg/cm² ≒ 1bar ≒ 14.7PSI ≒ **1대기압**

수압(계기압)

물이 누르는 힘. 즉, 해수면으로부터 다이버가 위치한 지점까지의 물 무게를 뜻하며, 수심계를 이용하여 확인하기 때문에 계기압이라고도 한다.

해수는 10m, 담수는 10.33m 마다 1대기압씩 증가한다.

즉, 다이버가 깊은 수심으로 들어갈수록 수압은 점차 증가하게 된다.

1kg/cm² ≒ 1bar ≒ 14.7PSI ≒ **1대기압** ≒ 10m

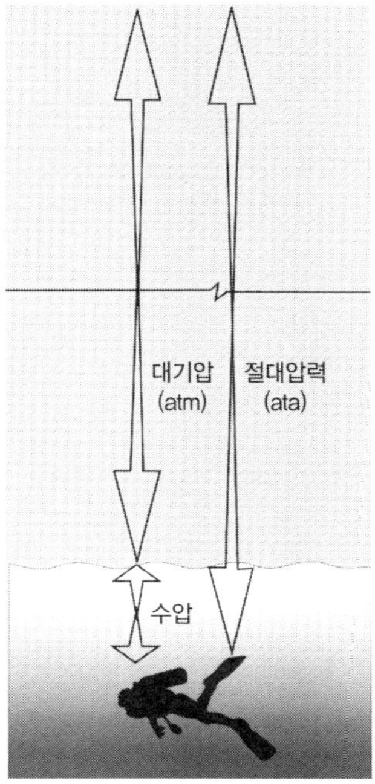

절대압력(ata)

절대압력(ata)

대기압과 수압을 합한 압력으로 다이버가 스쿠버 다이빙을 실시할 때, 실질적으로 받는 압력이다. 예를 들면, 수심 20m에 있는 다이버는 대기압 1과 수압 2를 합한 절대압력(ata) 3의 영향을 받게 된다.

즉, 육상에서보다 3배나 높은 압력을 받는 것이다.

2-4. 수심에 따른 압력, 부피, 밀도의 변화

수심이 깊어질수록 다이버가 받는 압력은 높아지게 되고, 이로 인해 인체의 공기공간에 존재하는 공기의 부피는 줄어들게 된다. 그러나 공기의 부피가 줄더라도 공기의 분자수는 동일하기 때문에, 용기속의 밀도(단위부피당 무게 또는 개체수)는 높아지게 된다.

즉, 압력이 2배로 높아지면 부피는 1/2로 줄어 들고 밀도는 2배로 증가하며, 압력이 3배로 높아지면 부피는 1/3로 줄어 들고, 밀도는 3배로 증가하게 된다(보일의 법칙).

				하강시		상승시	
수심	수압	대기압	절대압력	부피 변화	밀도 변화	부피 변화	**부피변화율**
0m	0 +	1 atm =	**1** ata	1	**1배**		**5배**
10m	1 +	1 atm =	**2** ata	**1/2**	**2배**		**2.5배**
20m	2 +	1 atm =	**3** ata	**1/3**	**3배**		**1.66배**
30m	3 +	1 atm =	**4** ata	**1/4**	**4배**		**1.25배**
40m	4 +	1 atm =	**5** ata	**1/5**	**5배**		**1배**

다이빙에 적용

하강시

인체의 공기공간(귀, 부비동, 폐)에 압착현상이 발생되고, 수심이 증가할수록 밀도가 높아져 공기소모량이 증가하게 된다.

상승시

상승시 호흡을 중지하면 주위압력의 감소로 인해 인체 내의 공기공간에 존재하는 공기의 부피가 팽창하게되며, 결과적으로 폐의 과팽창을 유도, 치명적인 신체적 손상을 입게 된다.

2-5. 압착과 역압착 / 압력평형, 상승시 호흡

■■■ 압착과 역압착 / 압력평형(Equalizing)

수심이 깊어져 인체의 주변압력이 높아지게 되면, 인체내의 공기공간(귀, 부비동, 폐)과 일부 장비(마스크)에 공기의 부피가 줄어듦으로 인해 압착현상이 발생하게 된다. 압착현상이 발생되면 해당 공기 공간에 추가적으로 공기를 공급하여, 평형을 이루도록 압력평형(Equalizing)을 실시해야 한다. 압력평형은 하강과 동시에 시작하며, 약하게 짧게 자주 계속적으로, 통증이 발생하기 전에 실시하는 것이 좋다.

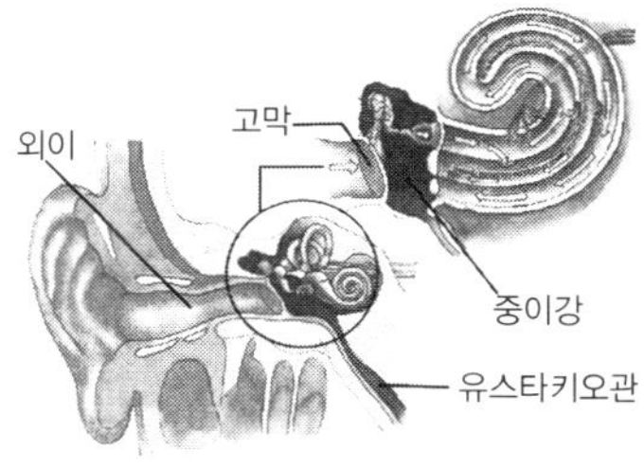

귀의 구조

귀(중이)

귀는 고막이라고 부르는 얇은 막을 사이에 두고 외이와 중이로 나누어진다. 중이는 유스타키오관이라고 부르는 아주 가느다란 관을 통해 인체의 목(인후)과 연결 되어 중이강의 습도와 공기압을 조절하는 역할을 한다.

다이버가 하강을 시작하면 주변 압력의 증가로 중이강 내부의 공기가 압축되어 귀가 멍한 느낌을 받게 된다. 이때 적절한 압력평형을 해주지 않을 경우, 귀에 통증이 발생된다. 만약 압력평형을 실시해야 하는 시기를 놓쳤거나 이루어지지 않는다면, 압력평형이 이루어지는 수심까지 상승한 다음, 다시 실시하면서 하강한다. 또 안전한 다이빙을 위해 감기, 축농증, 코의 기형 등으로 인해 코가 막혀, 육상에서도 중이강에 공기가 공급되지 않을 경우에는 다이빙을 하지 않는다. 특히 코가 막혀있다고 해서 코 뚫는 약(충혈완화제)을 복용한 상태에는 스킨스쿠버 다이빙을 실시하지 않도록 해야한다.

추가적으로 스킨스쿠버 다이빙시에 귀마개를 착용한다면 귀에 심각한 손상을 입을 수도 있다는 것을 명심해야한다.

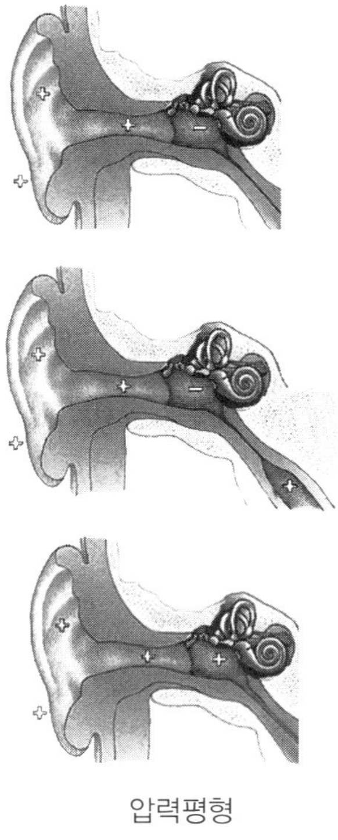
압력평형

※ 압력평형 방법

① 코막고 불기 : 손으로 코를 막고 코 쪽으로 공기를 불어 넣는다. 너무 강하게 불어넣을 경우에는 귀에 이상이 발생할 수도 있으므로 주의한다.
② 침 삼키기 : 입의 안쪽 근육을 침을 삼킬 때와 같이 움직인다.
③ 턱 움직이기 : 턱을 좌우 또는 앞뒤로 움직인다.
④ 하품하기 : 입의 안쪽 근육을 하품할 때와 같이 움직인다.

부비동(Sinus)

부비동이란 안면부 내의 공기공간으로, 이 공간도 귀(중이)와 마찬가지로 압착현상이 일어나지만, (중이)의 압력평형으로 함께 해결된다. 만약 감기, 알러지, 축농증 또는 코의 기형 등으로 코와 연결되어 있는 부분이 막혀 상태라면, 하강 시에 압력평형이 이루어지지 않아 부비동에 바늘로 찌르는 듯한 통증이 발생되고, 또 상승 시에는 부비동내에서 팽창된 공기가 코와 연결되어 있는 부분으로 빠져 나가지 못하여 역압착이라는 현상이 발생되기도 한다.

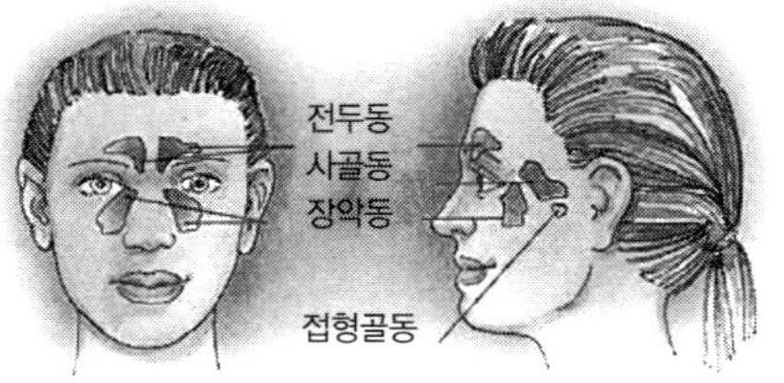

부비동

폐

폐는 인체에서 가장 큰 공기공간이다. 스킨다이빙 시에는 압착현상이 발생되지만, 고난도의 훈련을 거친 스킨다이버는 150m 정도의 수심까지도 견딜 수 있는 것으로 알려져 있다. 하지만 스킨 다이빙시에 숨을 들이마시지 않고 깊은 수심까지 하강한다면 폐 압착으로 통증이 발생할 수도 있다.

내장

탄산음료, 콩, 보리 등의 음식물은 소화되는 과정에서 가스가 발생되는데, 이러한 음식물에서 발생된 가스가 상승시에 팽창되어 위와 창자 경련(역압착)을 발생시키기도 한다. 그러므로 스킨스쿠버 다이빙 전에는 소화되는 과정에서 가스가 발생되는 음식물을 섭취하지 않는 것이 좋으며, 만약 다이빙을 마치고 상승하는 도중, 복부에 통증이 발생되면 하강한 후에, 통증이 더 이상 진행되지 않을 정도로 아주 천천히 상승한다.

마스크(Mask)

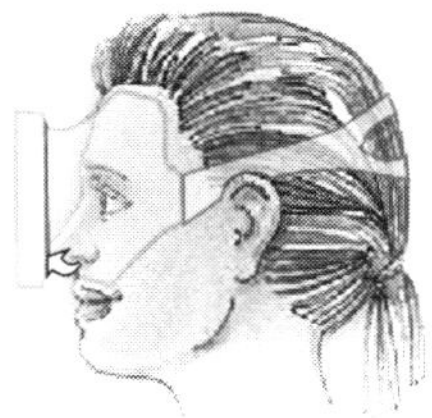
마스크 압착 해결

마스크는 인체가 가지고 있는 공기공간아니지만, 스킨스쿠버 다이빙시에는 마스크내의 공기공간에도 압착현상이 발생된다. 마스크 압착이 발생되면 코로 숨을 내쉬어 해결해야 하므로, 스킨스쿠버 다이빙시에는 반드시 노즈포켓(코주머니)이 있는 마스크를 사용해야 한다. 만약 수영할 때 사용하는 고글(눈만 가리는 형태)을 스킨 스쿠버 다이빙시에 착용한다면, 마스크 압착을 해결하지 못해 눈에 치명적인 손상이 발생할 수 있다.

■■■ 상승시 호흡

스쿠버 다이빙 하강 시, 인체의 공기공간에는 압착현상이 발생되고, 반대로 상승 시에는 공기공간 내의 공기가 팽창하게 된다. 이렇게 팽창된 공기는 정상적인 호흡을 통해 인체의 외부로 배출되기 때문에 문제가 되지 않지만, 만약 다이버가 인위적으로 호흡을 참거나 멈출 경우에는 폐의 과팽창으로 인해 다이버는 안전을 보장받을 수 없다. 그러므로 스쿠버 다이빙 시에는 절대 숨을 참거나 멈추지 않고, 정상적인 호흡을 실시해야 한다.

2-6. 부력

부력은 액체에 놓인 물체를 뜨게 하는 힘을 뜻하며, 모든 물체는 부피에 해당하는 물의 무게만큼 부력이 발생하게 된다. 이 부력은 액체의 종류와 액체에 놓인 물체의 종류에 따라 다양하게 나타난다.

■■■ 부력의 형태/필요성

부력의 형태

- 양성부력 : 물에 뜨는 형태(예:배)
- 중성부력 : 뜨지도 가라앉지도 않는 형태
- 음성부력 : 물에 가라앉는 형태(예:쇠로 만들어진 앵커)

부력의 필요성

- 양성부력 : 다이버가 수면 위에서 휴식을 취하거나 이동할 때, 또는 수중에 있는 물체를 인양할 때 필요하다.
- 중성부력 : 다이버의 수중활동을 편하게 하고, 바닥 생태계를 보호하기 위해 필요하다.
- 음성부력 : 다이버가 하강을 하기 위해 필요하다.

부력의 형태

부력 조절 방법

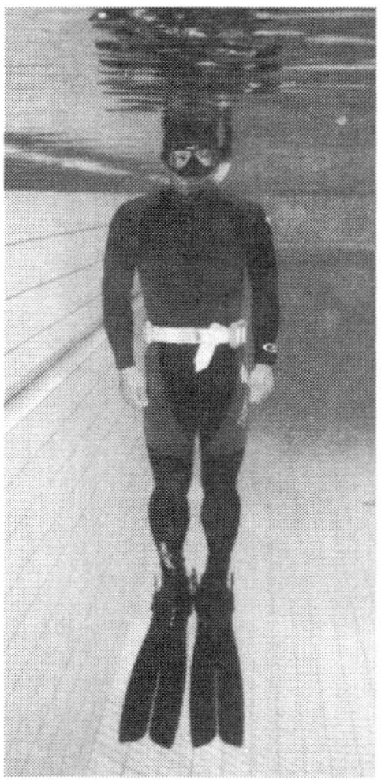

웨이트양 조절

① 웨이트 양을 조절

인체는 70% 이상이 수분(액체)으로 형성되어 있어 대부분 중성부력의 형태를 가지지만, 체온손실과 신체보호를 위해 착용하는 다이빙 슈트가 양성부력이므로, 이 부력을 줄여줄 만큼의 웨이트(납)를 착용해야 한다. 웨이트 양은 스킨 장비(다이빙 슈트, 웨이트, 마스크, 스노클, 핀)만 착용하고 똑바로 선상태에서 숨을 최대한 들이마시고 참았을 때, 수면이 눈높이가 되면 적당하다.

② B.C내의 공기량 조절

하강시 B.C에 공기를 적절하게 주입하여 음성부력을 중성부력을 유지한다.

③ 호흡량 조절

숨을 들이마시면 몸이 떠오르고, 내쉬면 가라앉는 것을 몸으로 느끼고, 이것을 응용하면 편안하고 안전한 다이빙을 즐길 수가 있다. 단 스쿠버 다이빙 시에는 호흡을 절대 참거나 멈추지 않고, 항상 정상적으로 실시해야 한다는 것을 명심해야 한다.

부력의 변화 요인

다이버의 체격과 체중, 장비의 종류와 양, 물의 비중(담수, 해수)에 따라 부력은 변하게 된다.

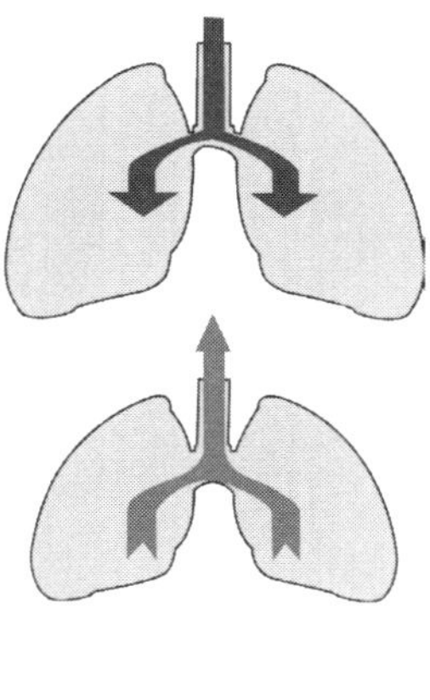

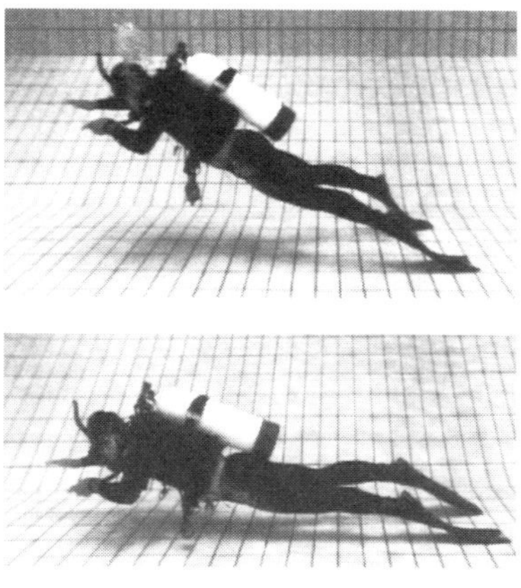

호흡량 조절

2-7. 수중에서의 시각적인 변화

인간의 눈은 육상에서 볼 수 있는 구조로 되어 있기 때문에, 육상보다 상대적으로 밀도가 높은 수중에서는 흐리게 보이게 된다. 이것을 해소하기 위해 마스크를 착용한 상태에서 스킨스쿠버 다이빙을 실시한다.

■■■ 크기 변화

다이버가 마스크를 착용하고 수중에서 사물을 볼 때, 크고 가깝게 보인다. 이것은 빛의 굴절(빛이 성질이 다른 물체를 통과할 때 생기는 현상)로 인해 발생하는 것으로 육상에서보다 33%정도 크고, 25%정도 가깝게 보인다.

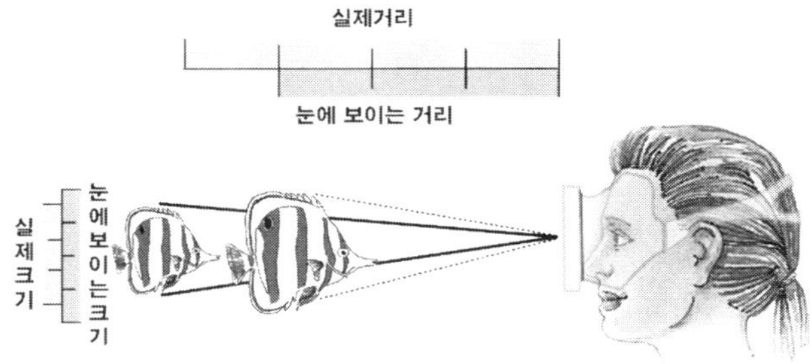

크기 변화

■■■ 색상 변화

수중에서는 빛이 충분히 투과하지 못하기 때문에 깊게 내려 갈수록 어두워지고, 시각적으로 색상을 잃어버리는 빛의 흡수현상이 발생된다.

빛은 빨강→주홍→노랑→초록→파랑 순으로 흡수가 이루어져 깊은 수심에서는 전체적으로 푸르게 보인다. 만약 당신이 수중세계의 본래의 색상을 보려 한다면, 인공광원(다이빙 라이트, 카메라나 비디오의 라이트)을 사용해야 한다.

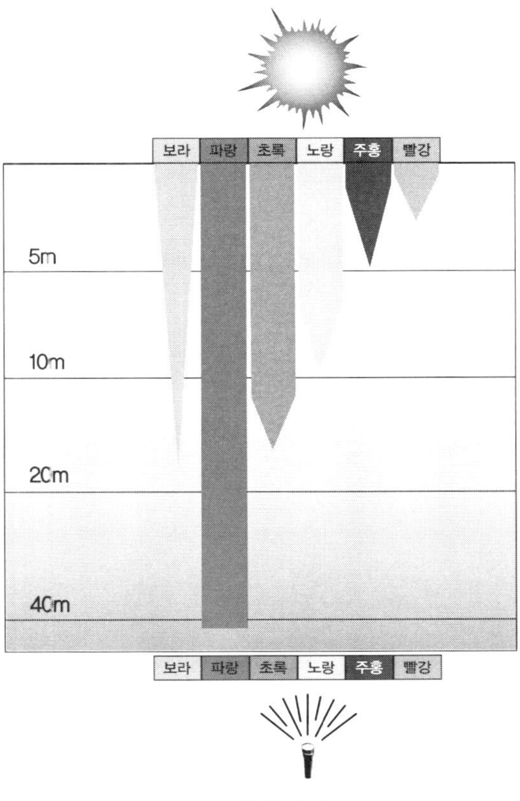

빛의 흡수

2-8. 수중에서의 청각적인 변화

인간의 귀는 양쪽 귀에 도달하는 소리의 시간차이를 감지하여 발원지를 판단한다. 그러나 수중에서는 소리의 전달속도가 공기중보다 약 4.5배정도 빠르기 때문에 소리의 크기는 판단이 되지만, 발원지는 판단하기가 어렵게 된다. 그러므로 다이빙 중에 어떠한 소리라도 들리게 되면, 짝과 함께 주위를 살펴 이상유무를 확인하는 것이 좋다.

※ 수중에서 들리는 소리는 주의 또는 주목을 요하거나, 위험을 나타낸다.

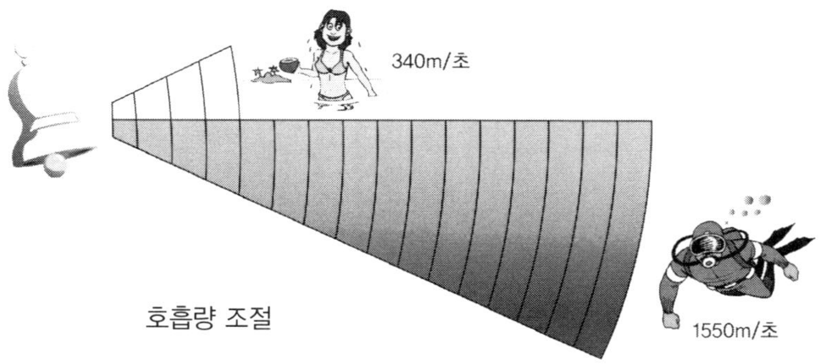

호흡량 조절

2-9. 수중에서의 체온 손실

물은 공기보다 800배정도 밀도가 크기 때문에, 수중에서의 체온손실은 육상에서보다 25배정도 빠르게 진행된다. 그러므로 스킨스쿠버 다이빙 시에는 수온에 적당한 다이빙 슈트를 착용하여 체온손실을 줄여야 한다. 만약 다이빙 도중에 추위를 느끼거나 몸이 떨리기 시작하면 다이빙을 끝낸 후, 다이빙 슈트를 벗고 마른 옷을 입는 등의 체온보호에 신경을 써야 한다.

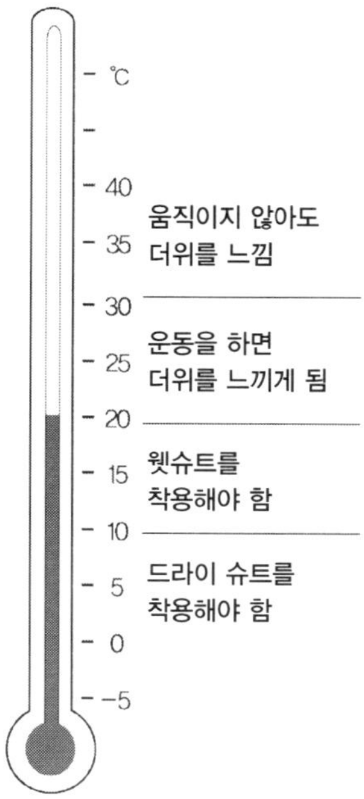

수온과 그에 해당하는 슈트

3. 수중에서의언어(수신호)

O.K? O.K!

방향지시 신호

위험 신호

공기공급을 원할 때의 신호

일반적인 의사전달 신호

■■■ 수신호를 하기 전에

수신호를 하기 전에 칼, 얼러트, 뱅어, 쉐이커 등 음향신호기를 사용하여, 수신호를 하고자 하는 짝의 주의를 끌어야 한다. 또 보다 자세한 의사전달을 하기 위해 메모판을 사용하기도 한다.

O.K? (괜찮은가?) O.K!(괜찮다!)

가까운 거리

먼 거리

먼 거리에서 한손으로

방향지시 신호

하강하자

상승하자

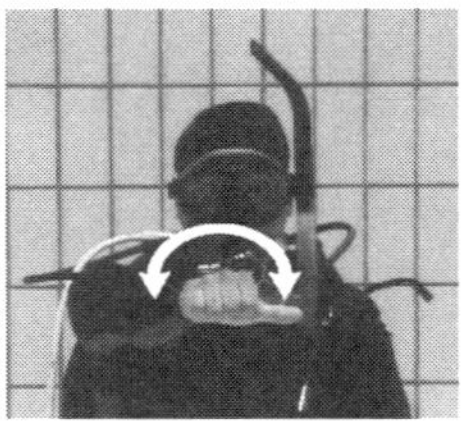
어느 쪽?

이쪽

위험 신호

위험하다

도와주세요

압력평형이 안된다

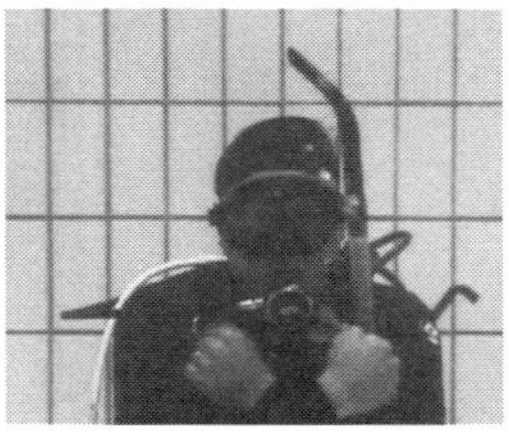
춥다

모르겠다

공기공급을 원할 때의 신호

공기가 떨어져 간다
(가슴이 답답하다)

공기가 떨어졌다

공기를 달라

일반적인 의사전달 신호

정지

당신의 두 눈

나를 봐라

이리오라

침착해라, 천천히

이 수심을 유지해라

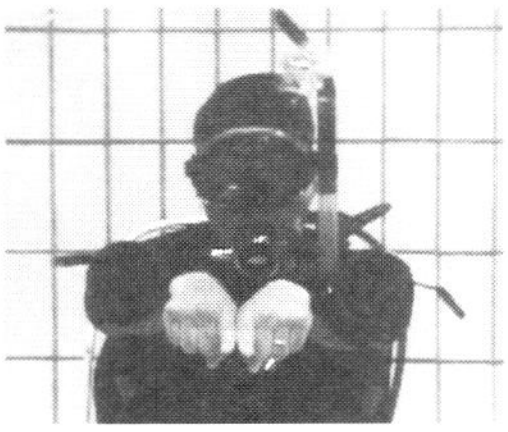
짝과 나란히

손을 잡아라

당신이 앞, 내가 뒤 따라간다

4. 스킨스쿠버 다이빙시 어떠한 장비를 사용하는가

4-1. 스킨 다이빙(Skin Diving) 장비

4-2. 스쿠버 다이빙(SCUBA Diving) 장비

4-1. 스킨 다이빙(Skin Diving) 장비

마스크(Mask)

목적

수중에서 물체를 선명하게 보기 위해서는 마스크를착용해야 한다. 스킨스쿠버 다이빙시에 착용하는 마스크는 수영고글과는 달리 마스크 압착을 해결하기 위해 반드시 노즈포켓(코 주머니)이 있는 것을 사용해야 한다.

마스크

종류

다양한 종류의 제품이 출시되고 있다. 통상적으로 부피가 큰 것이 좋은 시야를 제공한다고 하지만, 요즘은 부피가 작고 시야가 좋은 제품도 출시된다. 특히 시력이 좋지 않은 다이버를 위해 보정렌즈로 교체하거나, 교정렌즈를 부착하기도 한다.

선택

마스크 스트랩을 하지 않은 상태에서 얼굴에 마스크를 대고 코로 숨을 들이마시면 마스크가 얼굴에 밀착 되는데, 이 상태에서 얼굴을 좌우로 흔들어 마스크가 얼굴에서 떨어지지 않는 것이 자신에게 잘 맞는 마스크이다.

보관

현재 출시되고 있는 마스크는 대부분 실리콘으로 제작된다. 실리콘은 고무보다 부식이 적고 직사광선에 강하지만, 직사광선에 노출되었을 경우에는 색상이 변한다. 그러므로 사용하지 않을 때에는 마스크 케이스에 넣어서 보관하는 것이 좋다.

흐림 방지

다이빙 시 마스크 내부에 생기는 흐림을 방지하기 위해 흐림 방지제나 타액(침)을 사용한다.

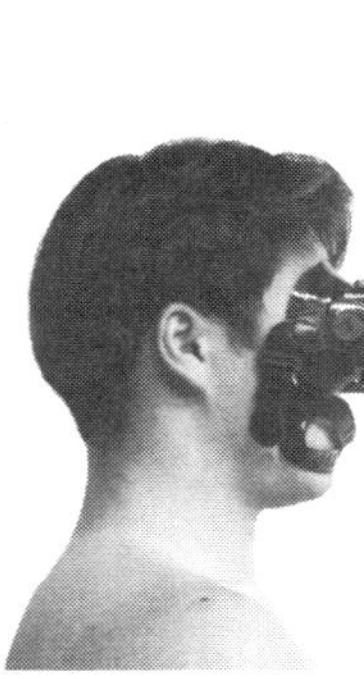

마스크를 얼굴에 붙인 모습

스노클(Snorkel)

목적

스킨 다이빙 시 머리를 들지 않고도 호흡을 가능하게 하며, 또 스쿠버 장비를 착용한 상태에서 수면을 이동할 때, 실린더 내의 공기를 절약할 수 있다.

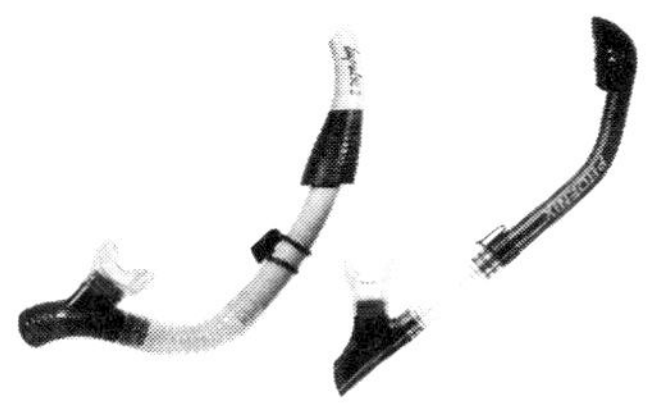

스노클

스노클의 구경/길이

구경은 2cm 정도, 길이는 30~35cm가 적당하다. 만약 구경이 크면 호흡이 불편하고 스노클 물빼기가 힘이 들며, 구경이 작거나 길이가 길면 호흡저항이 커서 호흡하기가 힘이 든다. 또 길이가 짧을 경우에는 물이 쉽게 들어오게 된다.

스노클 호흡

어금니로는 스노클의 마우스피스를 지긋이 물어 입에서 빠지지 않도록 하고 입술로 마우스피스를 완전히 감싸 물이 스며들지 않도록 한 다음, 천천히 깊게 들이마시고, 깊게 내쉬는 호흡을 하도록 습관을 길러야 한다.

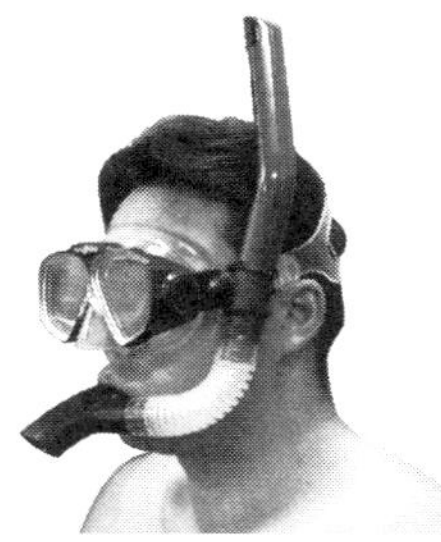

스노클 부착 위치

스노클 부착 위치

위치 마스크 스트랩의 왼쪽에 고정시켜 사용하는데, 이것은 스쿠버 다이빙시에 사용하는 레귤레이터가 오른쪽에 위치하기 때문에 서로 중복되지 않도록 하기 위함이다.

핀(Fin)

목적

수면 또는 수중에서 다이버가 움직이는데, 에너지소모를 적게 하고 추진력을 증대시키기 위해 사용한다.

핀

형태

형태는 풀푸드 스타일(신발형)과 스트랩 스타일(끈조절형)로 구분된다.

재질

부드러운 재질은 스킨 다이빙용으로 주로 사용되며, 스쿠버 다이빙 시에는 높은 수압을 견뎌야 하기 때문에 단단한 재질로 제작된다.

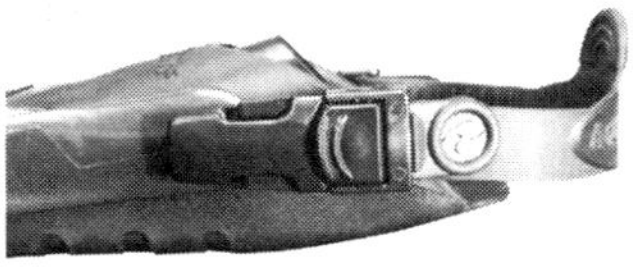
스트랩

스트랩 조절

다이버의 발에 꼭 맞게 조절하여 사용해야 한다. 만약 스트랩이 꽉 조일 경우에는 발에 경련이 발생할 수 있으며, 스트랩이 느슨할 경우에는 발뒤꿈치에 물집이 발생되기도 한다.

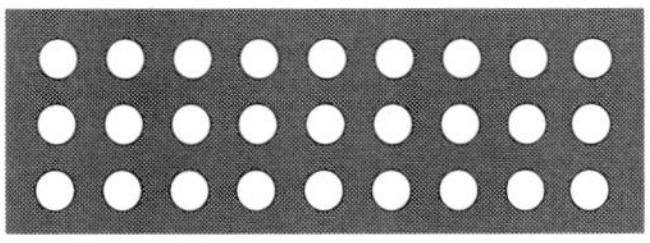
네오플렌

선택

용도, 다이버의 체격 및 체력 등을 고려하여, 사용하고자 하는 다이버에게 적당한 것을 선택하는 것이 좋다.

핀킥

가능한 무릎과 발목을 편 상태에서 크고 천천히 킥을 하며, 무리한 킥으로 인해 호흡이 빨라지지 않도록 습관을 길러야 한다.

다이빙 슈트(Diving Suit)

목적

스킨스쿠버 다이빙시 수중에서 체온손실을 줄여주고, 수면 또는 수중환경으로부터 신체를 보호할 수 있다. 비상시에 부력을 양성화하여 안전을 보장받을 수 있으므로, 다이빙 시에는 반드시 착용하는 것이 좋다.

종류/특징

- **웨트 슈트**(Wet Suit)

웨트 슈트

10~32℃의 수온에서 사용하며, 슈트내에 물이 유입된다. 유입된 물은 체온으로 데워져 체온손실을 줄여준다. 슈트는 주로 네오플랜이라는 재질로 제작되는데, 네오플랜은 재질속에 아주 많은 독립기포가 형성되어 있어 물을 전혀 흡수하지 않는다. 그러나 오랜 기간동안 사용하면 재질속의 기포가 탄성을 잃거나 파손되어 다이빙 슈트로서의 역할을 하지 못하기도 한다. 슈트의 두께는 다이빙을 실시하는 지역의 수온 및 기타 여건에 따라 다양하게 선택할 수 있다.(1.5, 2, 3, 5, 6.5, 7mm)

• **드라이 슈트**(Dry Suit)

통상 10℃ 이하의 수온에서 사용하며, 물이 유입될 수 있는 부분(목, 손목, 지퍼)에 특수한 재질의 씰과 지퍼를 사용하여 드라이 슈트 내부에 물이 유입되지 않도록 제작한 것을 말한다. 드라이 슈트는 슈트내의 압착과 보온을 위해 반드시 내피를 착용해야 한다. 슈트 내부의 압착을 해결하기 위해 추가로 공기를 주입하기 때문에 스페셜티 코스로 분류되어 별도의 고육을 이수하고 숙달한 후에 사용해야 한다.

드라이 슈트

• **바디 슈트**(Body Suit)

33℃이상의 수온인 열대지방 다이빙에 사용하는 슈트로, 수영복 재질과 같은 나일론이나 라이크라 원단으로 제작된다.

웨이트 벨트(Weight Belt)

다이버의 신체보호와 체온손실을 방지하기 위해 착용하는 다이빙 슈트로 인해 형성된 양성부력을 음성화하기 위해 웨이트 벨트를 착용한다. 웨이트 벨트를 착용할 때는 편안한 수중활동을 위해 좌우 균형이 맞도록 하고, 비상시에는 신속하고 간단하게 풀어 버릴 수 있어야 한다.

웨이트는 주로 납을 사용하는데, 요즘에는 수중환경보호를 위해 고무로 코팅된 납 또는 세라믹 웨이트를 사용하며, B.C 내에 내장하는 구슬납도 출시되고 있다.

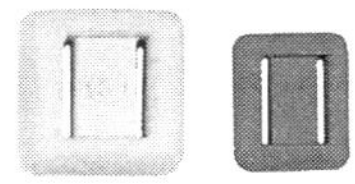

웨이트(코팅납)

웨이트(구슬납)

후드(Hood)

머리는 신체 부위 중 체온손실이 가장 많은 부위이므로, 체온손실의 방지와 신체보호를 위해 다이빙시에는 반드시 착용하는 것이 좋다. 특히 머리와 목이 적절하게 맞아야 한다.

웨이트 키퍼

글러브(Gloves), 부츠(Boots)

해양환경이나 수중생물로부터 손과 발을 보호하고, 체온손실을 줄여주는 역할을 하기 때문에 반드시 착용하고 다이빙을 실시해야 한다.

글러브, 부츠

4-2. 스쿠버다이빙(SCUBA Diving) 장비

실린더 표식

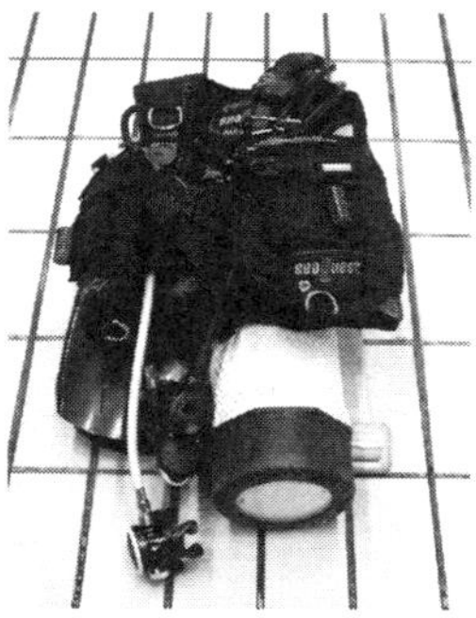

세팅하여 눕혀 놓은 장비

실린더(Cylinder)

목적

많은 양의 공기를 압축시켜 다이버가 수중에서 호흡이 가능하게 하며, 탱크 또는 렁이라고 부르기도 한다.

종류

재질이나 용량에 따라 여러 가지가 있으나, 주로 알루미늄 합금으로 제작된 $80ft^3$(80 큐빅피트, 약 2260ℓ)용량의 실린더를 사용한다.

표식

실린더 외부에 실린더 재질, 허용 압력, 제조사, 검사기관, 검사일자, 용량 등 실린더에 대한 여러 가지 사항이 표식되어 있다.

사용/관리

실린더는 고압용기이므로 넘어뜨린다거나 충격을 가하지 말고, 또 흠집이 나지 않도록 주의해야 한다.특히 스쿠버 다이빙 장비를 결합한 후에 바로 사용하지 않는다면 눕혀 놓는 것이 좋다.

실린더 밸브(Cylinder Valve)

종류

K형, J형, DIN형으로 나누어지는데, 현재 국내에서는 K형 밸브를 주로 사용한다. K형 밸브는 수도꼭지와 같이 아주 간단한 원리로 제작되어, 단지 고압의 공기를 공급하거나 차단하는 역할을 한다.

K　　J　　DIN

실린더 밸브

O링

레귤레이터 1단계 조절장치와 실린더 밸브 사이에 위치하여 실린더 내의 공기가 새지 않도록 하는 역할을 한다.

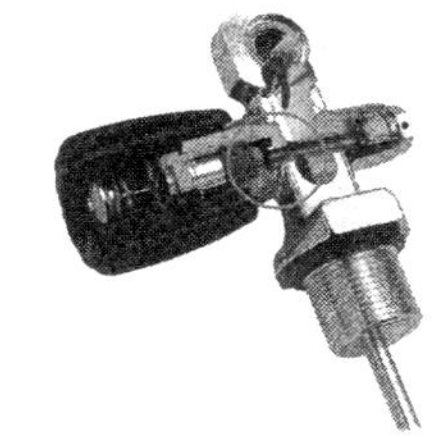

실린더 밸브의 구성요소(K형)

사용/관리

실린더 밸브를 열고 닫을 때, 무리한 힘을 가하면 밸브내의 부품(밸브 시트)이 손상될 수 있으므로, 항상 부드럽게 열고 닫아야 한다.

※ 충전이 완료된 실린더는 공기 주입구에 물이나 이물질이 들어가지 않게 하고, 충전이 완료되었다는 표시를 하기 위해 실린더 밸브 부분에 마킹테이프를 부착한다. 그러므로 실린더에 레귤레이터 1단계 조절장치를 결합할 때에는 먼저 실린더 밸브에 부착된 마킹테이프를 떼어내고, O링 유무를 확인해야 한다.

마킹 테이프

레귤레이터(Regulator)

목적

실린더에 압축시킨 고압의 공기를 다이버가 호흡할 수 있도록 하기 위해 고안된 장비이다.

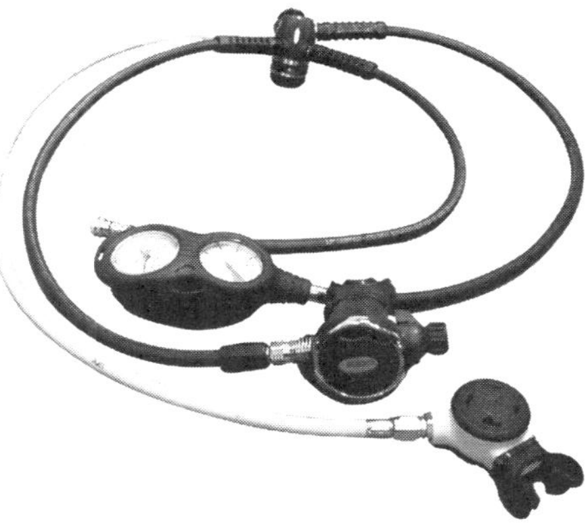

레귤레이터 셋

1단계 조절장치(First Stage)

레귤레이터에서 가장 중요한 부분으로 실린더 밸브와 연결되어 고압의 공기를 중간압력으로 낮추어 주며, 레귤레이터 2단계 조절장치, 옥토퍼스, B.C의 공기공급 호스, 드라이슈트 호스를 연결하는 저압(L.P) 플러그와 게이지를 연결하는 고압(HP) 플러그로 구성되어 있다. 먼지마개는 레귤레이터 1단계 조절장치가 실린더 밸브와 결합하여 사용할 때를 제외하고는 항상 닫힌 상태이어야 하며, 잠금나사는 손가락 3개(엄지, 인지, 중지)의 힘만으로 잠궈야 한다.

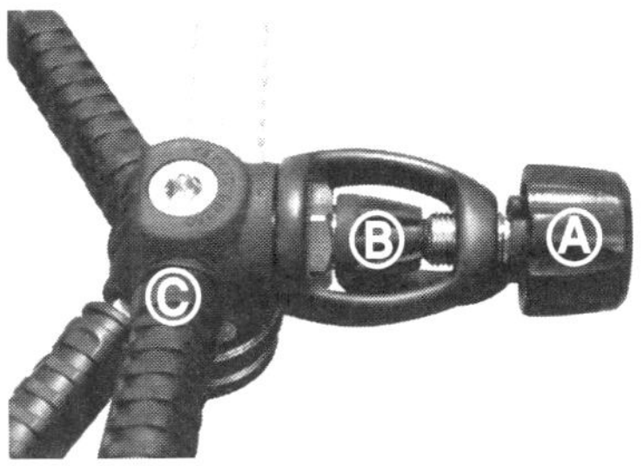

레귤레이터 1단계

레귤레이터 2단계 조절장치

2단계 조절장치(Second Stage)

다이버가 입으로 물고 호흡하는 장비로, 다이버가 위치한 수심의 주변 압력과 동일한 압력의 공기를 공급하여 호흡을 가능하게 한다. 2단계 조절장치는 다이버가 숨을 들이마시면 공기가 공급되고, 내쉬면 공기가 차단되며, 이때 내쉰 공기는 레귤레이터 2단계 조절장치 외부로 배출되는 구조로 제작되어 있다. 퍼지버튼은 레귤레이터 물빼기를 실시할 때에유용하게 사용된다.

선택

현재 출시되는 레귤레이터는 다이버의 호흡량에 따라 공기량을 조절하는 기능(조절 놉, 벤츄리 어시스트), 또 실린더 내의 공기 잔량에 상관없이 다이버가 요구하는 양의 공기를 공급해 주는 성능이 좋은 제품도 출시된다.

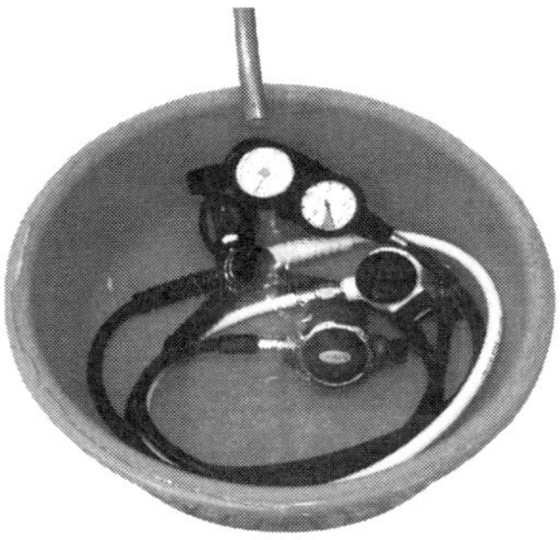

레귤레이터 셋 세척

사용/관리

레귤레이터는 아주 민감한 장비이므로, 사용중이나 보관중에 충격을 가하지 말고, 레귤레이터 1단계 조절장치에 부착된 호스는 잡아당기거나 심하게 꺾이지 않게 해야 한다. 특히 레귤레이터 1단계 조절장치의 각종 호스 연결부분에는 호스 프로텍터를 장착하여 사용하는 것이 효율적이다. 세척할 때는 흐르는 깨끗한 민물에 일정한 시간동안 담궈 놓는 것이 좋으며, 물에 담그기 전에 반드시 먼지마개를 닫아야 한다. 먼지마개를 닫지 않고 물에 담그거나, 물에 담긴 상태에서 레귤레이터 2단계 조절장치 중의 퍼지버튼을 누를 경우에는 레귤레이터 내부에 물이 스며들게 되므로 주의한다.

예비 공기공급원(Emergency Breathing System)

목적

레귤레이터 2단계 조절장치가 오작동되거나, 짝 (Buddy)에게 공기를 공급해야 하는 경우 등의 비상시에 사용한다.

종류

레귤레이터 1단계 조절장치 중에 추가로 장착하는 옥토퍼스(Octopus), B.C 인플레이터 호스 끝부분에 장착시켜 B.C의 공기조절과 호흡기능을 함께 하는 에어2(AIR2), 작은 실린더에 별도의 호흡장치가 장착된 포니보틀(Pony Bottle)등이 있다.

선택/사용

다이버의 취향과 스킨스쿠버 다이빙 전문강사의 적절한 조언을 통해 선택하고, 특별한 예비 공기공급원을 선택할 경우에는 그 장비에 대한 사용법을 충분히 숙달한 후, 사용해야 한다. 옥토퍼스는 장비 보호와 수중환경 보호를 위해 늘어뜨리지 않게 액세서리(마우스피스 홀더, 호스 홀더)를 이용하여 고정시켜 사용하는 것이 좋다.

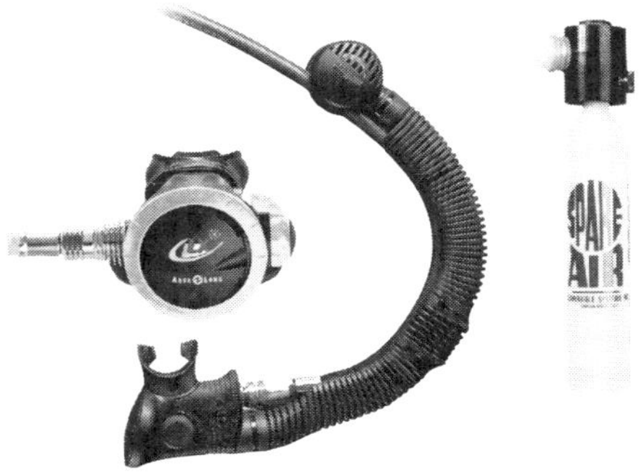

예비공기공급원

■■■ 게이지(Gauge, 기본계기)

실린더의 잔량을 나타내 주는 잔압계, 현재 수심과 최대 수심을 나타내주는 수심계, 방향유지를 위한 나침반 등을 한 곳에 모은 콘솔 형태의 제품이 사용하기 편하며, 레귤레이터 1단계 조절장치 중의 고압(HP) 플러그에 연결하여 사용한다. 다이빙 시에는 게이지를 자주 확인하는 습관(자신과 짝의 현재 수심 및 잔압)을 길러 조그마한 문제라도 발생되지 않도록 해야 한다.

마우스피스 홀더

호스 홀더

잔압계(Pressure Gauge)

자동차의 유량 게이지와 같은 역할로, 실린더 내의 공기 잔량을 표시한다. 다이빙을 시작할 때는 잔압계의 단위에 따라 3000PSI, 207bar, 211kg/cm^2 정도이어야 하며, 공기가 소모되어 잔압계의 눈금지침이 적색부분(700PSI, 50bar, 50kg/cm^2)에 도달하기 전에 상승하여 다이빙을 마치는 것이 좋다.

수심계(Depth Gauge)

현재 다이버가 위치해 있는 수심을 나타내며, 최고 수심을 표시해 주는 기능도 있다. 안전한 다이빙을 위해 자주 수심계를 확인해야 하고, 오픈워터 다이버는 18m, 어드밴스드 다이버 이상은 30m를 넘지 않도록 주의해야 한다.

게이지

잔압계

수심계

나침반

나침반(Compass)

다이버가 자신의 위치를 알고자 할 때, 또 특별한 수중참고물이 없건, 시야가 나쁜 상황에서 자신이 가고자 하는 방향을 찾을 때 사용한다. 나침반은 손목에 착용하는 형태와 콘솔 형태가 있다. 내부에 특수오일이 채워져 있기 때문에 가능한 충격을 가하지 말고, 회전베젤(Bezel)에 이물질이 끼게 되면 쉽게 움직이지 않기 때문에 액세서리를 이용하여 B.C에 고정시켜 사용하는 것이 좋다.

다이브 컴퓨터

다이브 컴퓨터(Dive Computer)

여러 개의 정보를 1개의 컴퓨터로 구성하여 다이빙에 관한 모든 정보(현재/최대수심, 현재 다이빙 시간, 무감압한계시간, 수온, 상승속도 제어 등)를 제공하기 때문에 많은 다이버들이 선호하는 추세이다. 다이브 컴퓨터는 제조사에 따라 제공하는 정보가 조금씩 다르고 복잡한 기능도 있으므로, 스킨스쿠버 다이빙 전문강사의 조언을 통해 사용법을 제대로 알고 사용해야만 안전하고 즐거운 다이빙이 가능하다.

B.C(Buoyancy Compensator)

B.C(Buoyancy Compensator)
B.C.D(Buoyancy Control Device)

목적

B.C는 B.C.D 또는 부력조절기라고도 부른다. 내부에 공기를 주입 또는 배출하여 다이버가 필요한 부력을 형성시켜 안전하고 즐거운 다이빙을 할 수 있도록 유도하기 때문에 스킨스쿠버 다이빙에서는 필수적인 장비이다.

스태빌라이징 스타일

종류

- **스태빌라이징 스타일(어깨 스트랩 조절이 안되는 조끼식)**

공기주머니가 다이버의 몸 전체를 감싸는 구조로 제작되어 대체로 사용하기가 편하고, 특히 수면휴식시 똑바로 서 있기가 편하다는 장점이 있다.

ADV 스타일

- ADV **스타일(어깨 스트랩 조절이 가능한 조끼식)**

어깨 스트랩이 조절이 가능하기 때문에 자신의 몸에 꼭 맞게 착용할 수 있다는 장점으로, 현재 가장 많이 사용되고 있는 형태이다.

- **백프로테이션 스타일(후면팽창식)**

공기주머니가 등쪽에 있기 때문에 수면휴식시에는 엎드린 자세가 되어 상체를 들기가 힘이 드는 반면, 수중에서 수평자세를 유지하기 쉬움으로 인해 수중사진작가나 테크니컬 다이빙용으로 주로 사용된다.

백프로테이션 스타일

구성요소

- LP(저압)호스

실린더와 B.C의 공기조절장치를 연결하여 B.C내에 공기를 공급하는 역할을 한다.

- 인플레이트 호스

B.C의 왼쪽 부분에 위치한 주름진 호스로 B.C내에 공기를 주입하거나 배출하는 통로 역할을 한다. 호스의 끝부분에는 공기조절장치(인버튼/아웃버튼)가 장착되어 있다.

- 인버튼(공기주입 또는 파워버튼)

실린더내의 공기를 B.C내로 주입하는 장치이다.

- 아웃버튼(공기배출 또는 오랄버튼)

B.C내의 공기를 배출할 때에 사용하며, 또 입으로 숨을 불어넣어 B.C내로 공기를 주입할 수도 있다.

- **초과압력 배출밸브**(Over Pressure Relief Valve)

통상 B.C 뒤쪽에 위치하며, 인버튼의 오작동이나 다이버부주의로 인해 B.C내에 허용압력을 초과하는 공기가 공급될 때에 자동으로 배출되어 B.C와 다이버를 보호하는 역할을 한다.

구성요소

- **스트랩**

어깨스트랩과 허리스트랩이 있으며, 둘 다 몸에 꼭 맞게 착용해야만 몸의 움직임이 편하고, 중성부력을 느끼기도 쉽다. 허리스트랩/벨트는 비상시를 대비하여 웨이트벨트와 겹치지 않게 착용해야 한다.

여성전용 B.C

• **실린더 밴드**

B.C에 실린더를 결합하는 부분으로, 스쿠버 다이빙시에 실린더가 분리되지 않도록 견고하게 해야 한다.

• **주머니와 액세서리(고리)**

B.C 내부 세척

주머니에는 글러브나 다이빙 라이트 등을 보관하기도 하며, 특히 액세서리(고리)를이용하여 각종 스킨스쿠버 다이빙 장비를 B.C에 고정시키는 것이 다이버와 장비, 수중생태계를 보호하는데 도움이 된다.

선택/보관

B.C는 $\frac{3}{4}$정도 공기를 주입한 후, 착용하여 자신의 몸에 잘 맞고 착용감이 좋은 것을 선택한다. 다이빙시 B.C 내부에 물이 들어갈 수 있으므로, 그 내부도 세척을 해야한다. 건조시킬 때는 B.C에 공기를 주입하여 부풀린 다음, 직사광선이 비치지 않는 곳에서 건조시키고 보관한다.

■■■ 보조/부수 장비

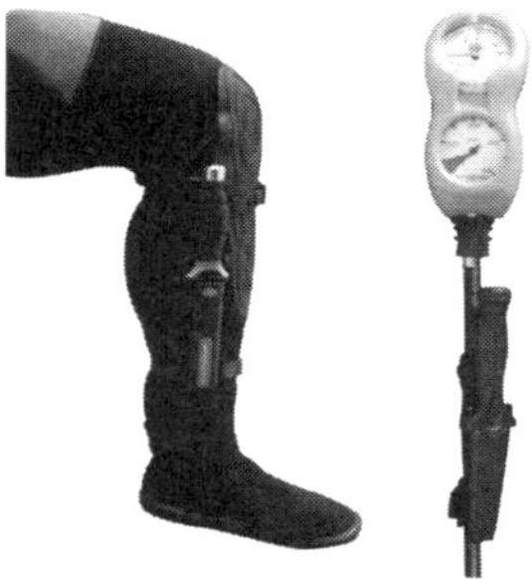
나이프 착용위치

다이빙 나이프(Diving Knife)

간단한 작업 또는 해초, 밧줄, 그물 등을 절단하거나, 칼의 끝부분에 부착된 금속부분으로 실린더를 두들겨서 음향신호(주의, 주목, 위험)를 보내는 역할을 한다. 나이프의 크기는 다양하며, 종아리 안쪽, 허벅지, 팔, 각종 호스 등에 착용하거나 부착하여 사용한다.

다이브 얼러트(Dive Alert)

수중이나 육상에서 자동차의 경적과 같은 역할(주의, 주목, 위험)을 하며, B.C의 공기조절장치와 LP(저압)호스 사이에 간단히 연결하여 사용한다. 사용시 자신의 귀를 향하거나, 3m이내의 다이버를 향한 상태에서 사용할 경우에는 고막이 손상될 수 있으므로 주의해야 한다.

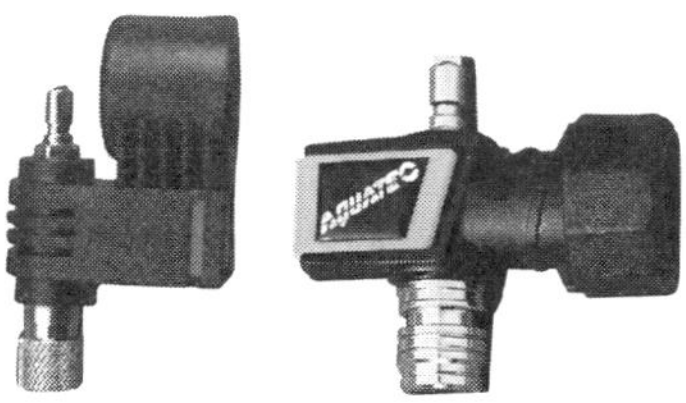

다이브 얼러트

다이빙 플랙(Flag)

• 다이버스 플랙

주로 미국에서 사용되는 깃발

• 알파 플랙

국제적으로 정해진 깃발

다이버스 플랙

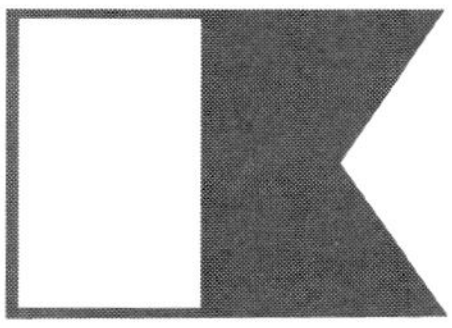

알파 플랙

다이브 로그(Log Book)

로그북이라 부르는 다이브 로그는 다이빙 경험을 나타내는 증거물로 다이빙 시에 휴대해야 하는 필수품이며, 다이빙을 마치면 바로 기록하는 습관을 기르는 것이 좋다. 요즘 출시되는 다이브 로그에는 다이브 테이블, 장비목록표, 도량환산표, 재압치료시설 연락처 등이 기록되어 있어, 좋은 참고 자료로도 활용되고 있다.

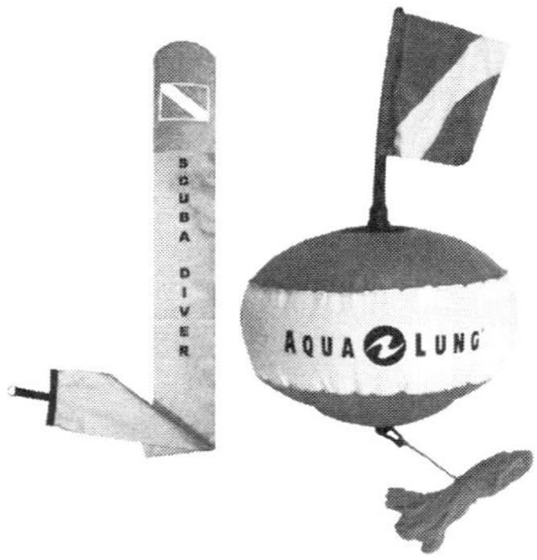

부이

부이(Buoy)

특정 지점을 표시하거나, 부이에 상승/하강줄을 연결하여 사용하기도 한다.

다이빙 라이트(Diving Light)

야간 다이빙 시에는 필수품이지만, 주간에도 시야가 좋지 않거나, 어두운 곳 또는 수중 세계의 본래의 색상을 즐기기 위해 사용된다.

다이빙 라이트

기어 백(Gear Bag)

실린더와 웨이트 벨트를 제외한 모든 장비를 보관할 수 있을 만큼 큰 것을 선택해야 한다.

기어 백의 종류와 형태도 다양하며, 다이빙 목적과 다이버의 취향에 따라 선택할 수 있다.

기어백

장비 꾸리기

장비를 꾸리는 순서는 몸에 착용하는 순서의 역순으로 맨 마지막에 착용하는 것부터 넣는다.

기어 백 → 휜 → B.C→ 레귤레이터 세트→ 마스크/스노클 → 부츠 → 다이빙 슈트

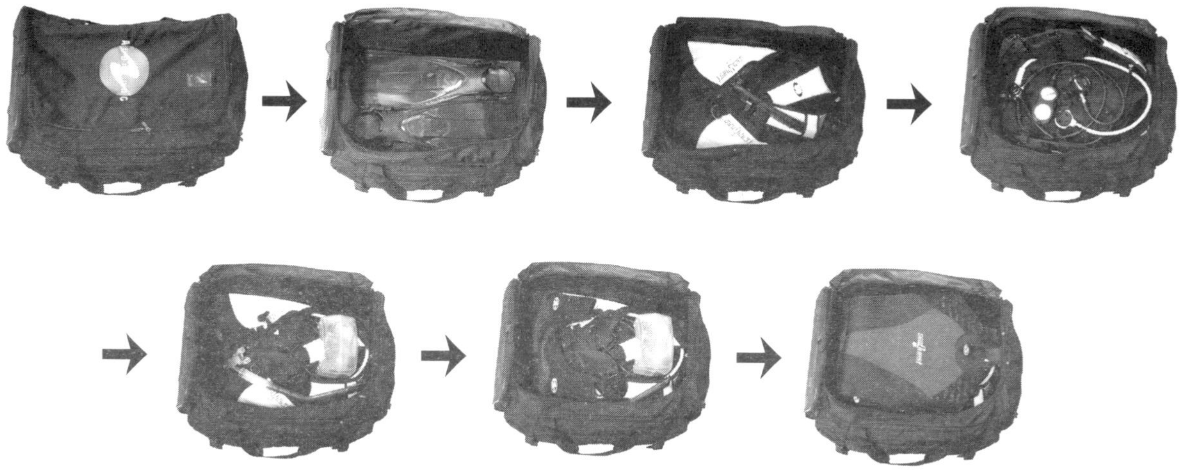

5. 스킨스쿠버다이빙 기술(Skill)을 익히자

5-1. 스킨 다이빙 장비 착용

5-2. 웨이트 벨트 착용 / 웨이트양 산출

5-3. 스노클 사용

5-4. 핀킥(Fin Kick)

5-5. 근육경련 풀기

5-6. 서피스 다이브(Surface dive)

5-7. 스쿠버 다이빙 장비 결합 / 해체

5-8. 스쿠버 다이빙 장비 착용

5-9. B.C 내에 공기 주입 / 배출

5-10. 입수(Entry)

5-11. 물빼기(Clear)

5-12. 레귤레이터 찾기(Regulator Recovery)

5-13. 하강(Descent)

5-14. 중성부력 조절

5-15. 수중유영

5-16. 상승(Ascent)

5-17. 출수(Exit)

5-18. 탈착

5-19. 비상상승

5-20. 지친다이버 수면에서 이동시키기

5-21. 나침반 활용

5-1. 스킨다이빙 장비 착용

■■■ 다이빙 슈트 착용

다이빙 슈트를 먼저 착용하고 부츠를 착용한다. 부츠의 목부분은 다이빙 슈트속으로 들어가게 한다.

① 앉은 상태에서 한쪽 발씩 무릎까지 착용한다.

② 무릎에서 허리까지 착용한다.

③ 허벅지에서 가슴까지 슈트를 끌어올린 다음, 한쪽 팔씩 착용한다.

④ 주름진 곳을 펴고 지퍼를 닫는다.

⑤ 부츠를 착용한다.

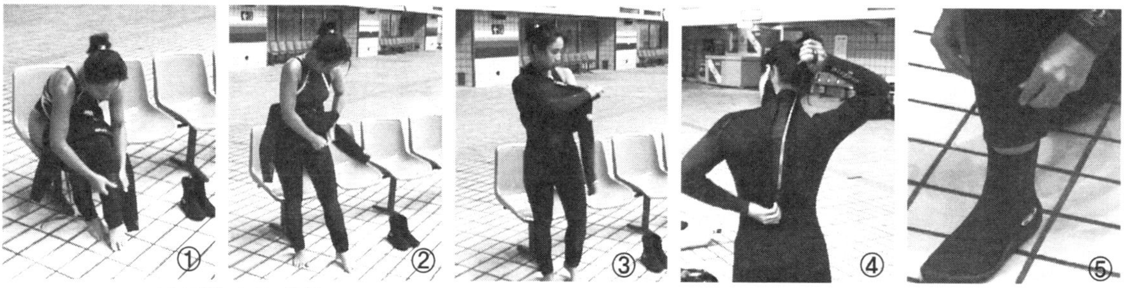

다이빙 슈트 착용

■■■ 핀 착용/육상에서 이동

핀 착용

핀 착용

선 채로 짝의 도움을 받아 한쪽 발씩 4자형태를 취하여 착용한다.

육상에서 이동

핀을 착용하고 육상에서 이동할 때는 옆걸음 또는 뒷걸음으로 이동한다. 만약 먼 거리를 이동해야 한다면 핀을 착용하지 않은 상태에서 이동하는 것이 좋다.

옆걸음

뒷걸음

마스크 착용

안면부부터 착용

안면부부터 착용

한 손은 마스크의 프레임을 잡아 얼굴에 고정시키고, 다른 한 손은 마스크 스트랩을 머리위로 넘겨 머리 뒷부분에 위치시킨 다음, 양손으로 마스크의 안면부와 스트랩을 조절한다.

스트랩부터 착용

스트랩부터 착용

마스크 스트랩을 머리 뒷부분에 위치시킨 다음, 양손으로 마스크부를 잡아 당겨 얼굴에 고정시키고 마스크와 스트랩을 조절한다.

5-2. 웨이트 벨트 착용 / 웨이트양 산출

웨이트 벨트 착용

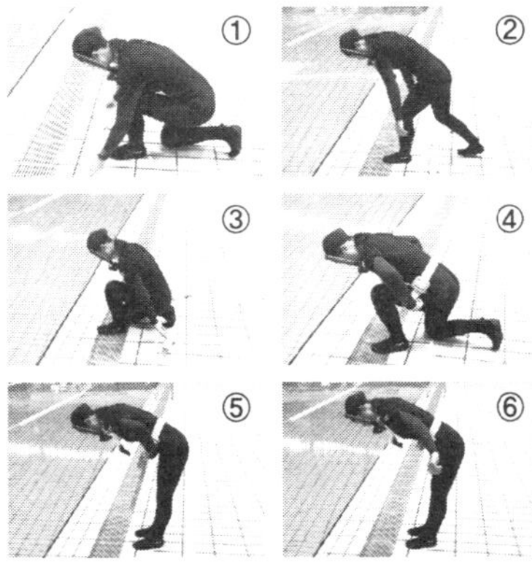

웨이트벨트 착용

웨이트 벨트는 비상 시에 쉽게 조작할 수 있도록 허리띠를 착용하는 방향으로 착용해야 한다.

① 버클이 왼쪽에 위치하도록 웨이트 벨트를 자신의 앞쪽에 가지런히 편다.
② 가지런히 펴놓은 웨이트 벨트를 넘어 간다.
③ 한쪽 무릎을 굽히고 앉는다.
④ 양손으로 웨이트 벨트를 잡고 허리 위에 올려놓는다.
⑤ 허리를 굽힌 채로 일어선다.
⑥ 허리를 굽힌 상태에서 꼭 맞게 착용한다.

웨이트양 산출

웨이트 벨트 산출

웨이트는 5mm 투피스 슈트를 기준으로 체중의 10%정도(60㎏의 다이버는 6㎏정도)를 착용한다. 이 양은 평균적인 수치이므로 다이버의 신체조건에 따라 조금씩 차이가 있을 수 있다. 그러므로 스킨스쿠버다이빙 전문 강사의 조언을 통해 자신에게 적절한 웨이트양을 산출해야 한다. 바다에서는 다이버에 따라 1~4㎏정도를 추가한다.

① 스킨다이빙 장비(다이빙 슈트, 부츠, 마스크, 스노클, 핀)와 체중의 10% 정도인 웨이트 벨트를 착용한다.

② 자신의 키보다 깊은 물에서 온몸에 힘을 빼고 수직자세를 유지한다.

③ 숨을 최대한 들이마시고 참은 상태에서 수면이 눈높이 가 되도록 웨이트를 더하거나 뺀다.

※ 적절한 웨이트양이 산출되었으면, 천천히 숨을 내쉬어 천천히 하강이 이루어지는지를 확인한다.

5-3. 스노클 사용

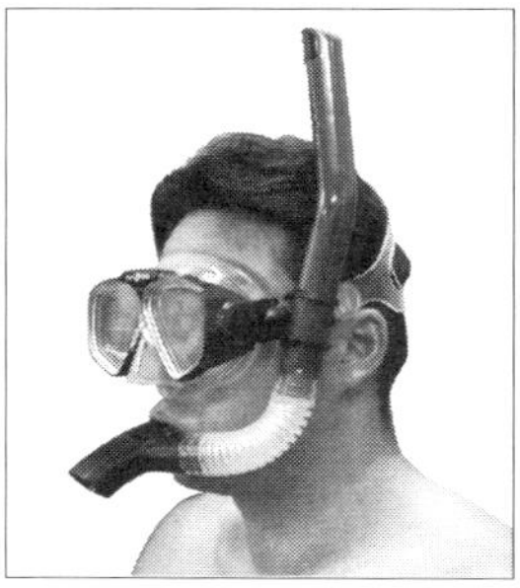
스노클 고정 위치

■■■ 스노클 위치

스킨 스쿠버 다이빙시에는 마스크 스트랩의 왼쪽 부분에 고성시켜 사용한다. 그 이유는 레귤레이터가 다이버의 오른쪽에 위치하기 때문에 다이버가 혼동하지 않게 하기 위함이다.

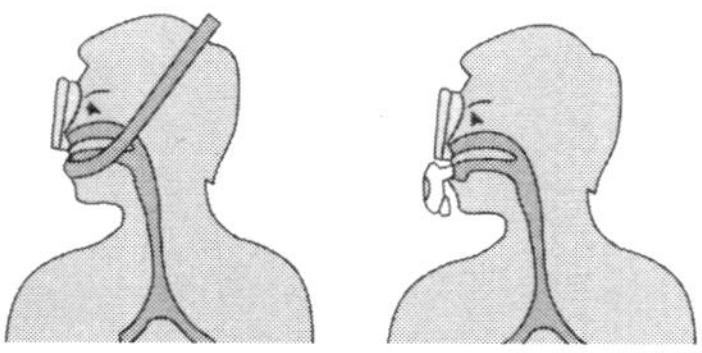
호흡사가

■■■ 스노클 호흡

마우스피스가 물 속에 잠긴 상태에서 천천히 깊게 호흡을 하는 것이 효율적이다. 천천히 깊게 호흡을 해야 하는 이유는 다이버가 숨을 다 내쉬었다 하더라도 스노클, 기도, 폐의 일부에는 이산화탄소가 남아 있기 때문(호흡사강)에, 숨을 들이마실 때에는 호흡사강에 남아 있는 이산화탄소와 대기중의 공기를 함께 마셔, 호흡곤란이 발생되지 않도록 하기 위함이다.

불어내기(포핑)

■■■ 스노클 물빼기

불어내기(포핑)

① 숨을 들이마시고 참는다.

② 스노클에 물을 넣는다.

③ 마스크는 수면에 스노클의 마우스피스 부분은 물속에 잠긴 상태에서 강하게 1회, 약하게 1회 불어낸다.

흘려내기(익스펜션)

물빼기는 쉽게 되지만, 상승시에만 가능하다.

① 고개를 뒤로 젖힌 상태에서 상승한다.

② 수면에 가까워지면 스노클에 공기를 가볍게 계속적으로 불어 넣으면서 상승한다.

③ 수면에 도달하면 뒤로 젖혔던 고개를 천천히 앞으로 당긴다.

흘려내기(익스펜션)

5-4. 핀킥(Fin Kick)

무릎과 발목을 최대한 편 상태에서 천천히 크게 상하(수던을 기준)로 킥을 한다.

엎드린 핀킥

수면에 엎드린 상태에서 고개는 45도 정도 들어 전진하고자 하는 방향을 바라보고, 양팔은 펴서 몸에 가지런히 붙이고, 천천히 크게 킥을 한다.

엎드린 핀킥

누운 핀킥

수면에 누운 상태에서 허리를 약간 구부려 스노클의 상단부가 물에 잠기지 않게 한 상태에서, 천천히 크게 킥을 한다. 킥을 하면서 가끔 고개를 돌려 전진하고자 하는 방향과 장애물 여부를 확인한다.

누운 핀킥

서서 핀킥

똑바로 선자세에서 양팔은 옆으로 벌려 수평을 유지하고, 양다리는 굽히지 않은 상태에서 천천히 크게 킥을 한다.

서서 핀킥

5-5. 근육경련 풀기

한번 경련이 발생되면 계속적으로 발생될 수 있으므로, 사전에 충분히 준비운동을 하는 것이 좋다.

① 다리에 경련이 발생되면 숨을 들이마시고 참은 상태에서 허리를 굽혀, 경련이 일어난 쪽의 핀 끝을 양손으로 잡는다.
② 핀 끝을 잡은 상태에서 경련이 발생된 다리를 쭉 편다.
③ 경련이 멎을 때까지 ②번 동작을 유지한다.
④ 경련이 발생된 핀의 스트랩을 약간 늘인다.
⑤ 경련이 발생된 부위에 충분한 마사지를 실시한다.

근육경련 풀기

5-6. 서피스 다이브(Surface Dive)

※ 주의 : 서피스 다이브 실시하는 동안, 귀에 멍한 느낌이 들기 전에 압력평형을 약하게, 짧게, 자주, 계속적으로 실시해야 한다.

헤드퍼스트(Head First Surface Dive)

① 엎드린 핀킥을 실시하여 약간의 추진력으로 수면이동을 한다.
② 숨을 들이마시고 참은 상태에서 팔을 하강하고자 하는 방향으로 뻗으면서 허리를 굽힌다.

헤드 퍼스트

③ 아래쪽을 바라보면서 양다리를 모아 수면에서 수직이 되도록 물구나무서기 자세를 취하면 체중에 의해 몸이 잠기게 된다.
④ 핀이 완전히 물에 잠기면 핀킥으로 하강한다.

피트퍼스트(Feet First Surface Dive)

헤드퍼스트 다이브를 할 만한 여유공간이 없는 지역에서 실시한다.

① 양팔은 수면과 수평이 되도록 옆으로 벌리고, 다리는 앞뒤로 벌린 상태를 유지한다.

② 팔과 다리를 빠르게 모아 몸이 가슴까지 수면위로 솟구치게 한 다음, 발목을 편 차렷자세를 취하면 체중에 의해 몸이 수면으로부터 잠기게 된다.

③ 머리까지 수면에 완전히 잠기면, 양팔을 위로 크게 한번, 휘저어 더 깊이 하강한다.

④ 완전히 가라앉은 상태에서 헤드퍼스트 다이브로 하강한다.

피트 퍼스트

서피스 다이브에서의 상승

왼손은 위로 뻗고 오른손은 웨이트 벨트에 위치시킨 상태에서 고개는 들어 상승지점을 보면서 핀킥으로 상승한다. 상승중에는 좀 더 나은 시야를 확보하기 위해 천천히 돌면서 상승한다.

상승

5-7. 스쿠버 다이빙 장비 결합 / 해체

스쿠버 다이빙 장비 결합

① 실린더 밸브가 자신의 왼쪽에 위치하도록 세운 다음, 실린더 앞쪽에 무릎앉아 자세를 취한다.

② 실린더 밸브에 부착된 마킹테이프를 떼어내고 O링 여부와 공기주입구에 이물질 여부를 확인한다.

③ 오른손으로 공기주입구를 약간 막고 왼손으로 밸브를 약하게 개방하여 실린더 내의 공기를 후각으로 확인한다.

④ B.C의 전면부가 자신의 앞쪽에 위치하도록 한 상태에서 실린더에 끼운다.

⑤ 다이빙을 실시할 때, 실린더 밸브가 머리에 닿지 않도록 B.C의 높이를 조절한다. B.C의 종류에 따라 다르지만, 통상적으로 B.C의 목부분과 실린더 밸브의 윗부분과 비슷한 높이가 적당하다.

⑥ 실린더가 빠지지 않도록 벨트를 꽉 조인 후에 B.C를 들어 확인한다.

⑦ 실린더를 180도 자신이 B.C의 뒤쪽에 위치하도록 한다.

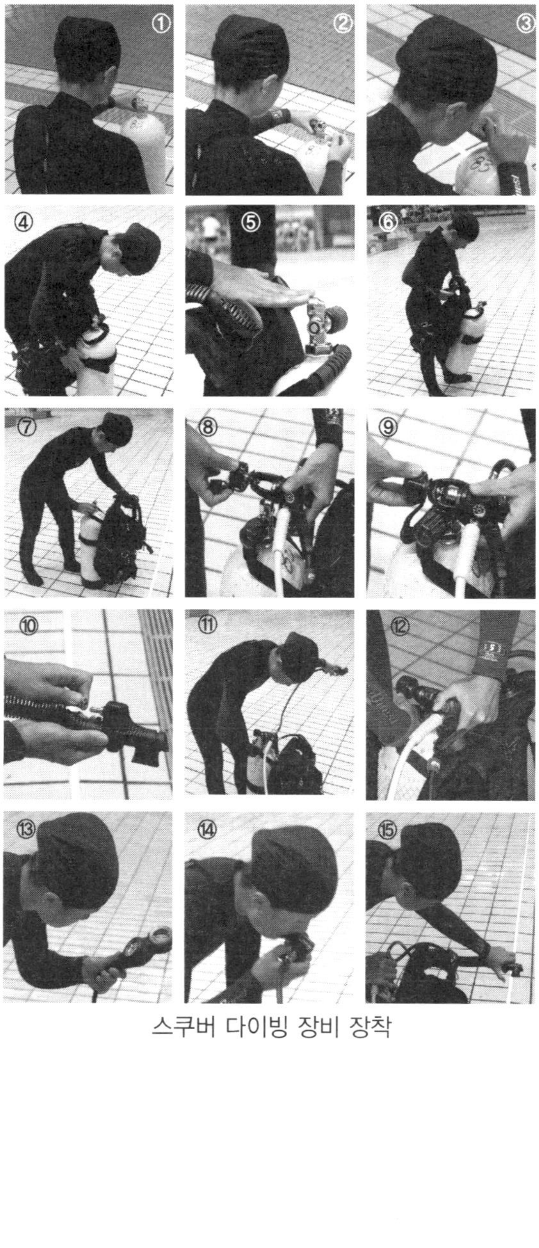

스쿠버 다이빙 장비 장착

⑧ 실린더 뒤쪽에서 레귤레이터 1단계의 잠금나사가 자신의 몸쪽을 향하도록 레귤레이터 셋을 들고, 레귤레이터 2단계 조절장치는 자신의 오른쪽에, 나머지 부분은 왼쪽에 위치하도록 한 다음, 레귤레이터 1단계의 잠금 나사를 풀어 먼지마개를 제거한다.

⑨ 레귤레이터 1단계 조절장치의 공기 흡입구와 실린더 밸브의 공기주입구를 정확하게 맞춘 다음, 잠금나사를 손가락 3개(엄지, 인지, 중지)의 힘만으로 조인다.

⑩ LP(저압) 호스를 B.C의 공기조절장치에 끼운다.

⑪ 왼손으로 잔압계의 목부분을 잡고 아래로 향한 다음, 호스가 꺾이지 않게 편 상태에서 오른손으로 실린더 밸브를 천천히 개방한다.

⑫ 밸브를 완전히 개방한 다음, 반대방향으로 반바퀴 정도 돌린다.

⑬ 잔압계로 실린더내의 공기 압력을 확인한다.

⑭ 레귤레이터 2단계 조절장치를 물고 호흡하거나, 퍼지 버튼을 눌러 레귤레이터 작동여부를 확인한다.

⑮ B.C의 공기조절장치(인/아웃 버튼)가 작동되는지도 확인한다.

※결합이 완료되면 사용하기 전까지 눕혀 보관한다.

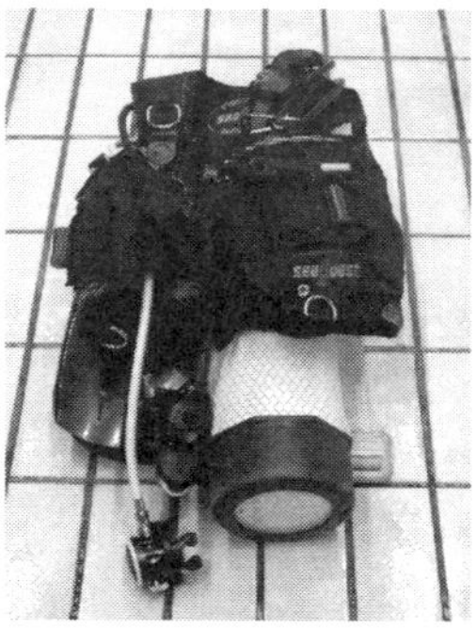

세팅하여 눕혀 놓은 장비

■■■ 스쿠버 다이빙 장비 해체

① 스쿠버 다이빙 장비의 뒤쪽에 위치한다.
② 인버튼을 눌러 B.C내에 공기를 가득 주입한다.
③ 실린더 밸브를 잠근다.
④ B.C의 공기조절장치와 연결되어 있는 LP(저압) 호스를 분리한다.
⑤ 레귤레이터 2단계의 퍼지버튼을 눌러 호스 내에 남아있는 공기를 배출시킨다.
⑥ 레귤레이터 1단계의 잠금나사를 풀어 실린더 밸브와 분리한다.
⑦ 먼지마개에 남아있는 물기를 입으로 불어 제거한다.
⑧ 레귤레이터 1단계에 먼지마개를 위치시키고, 잠금나사를 조인다.
⑨ 레귤레이터 셋은 호스가 꺾이지 않게 말아 둔다.
⑩ 실린더를 180도 돌린 후, B.C와 실린더를 분리한다.
⑪ B.C를 거꾸로 들고 아웃버튼을 눌러 B.C내에 있는 물을 배출시킨다.

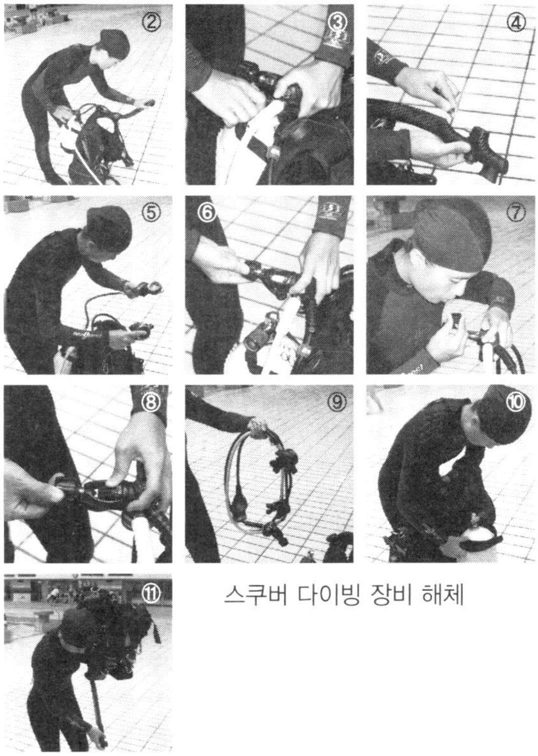

스쿠버 다이빙 장비 해체

5-8. 스쿠버 다이빙 장비 착용

스쿠버 다이빙 장비를 착용할 때는 짝이 스쿠버 다이빙 장비를 들어 장비 착용을 도와주는 것이 가장 좋은 방법이다.

※ 스쿠버 다이빙 장비부터 착용한 상태에서 마스크와 핀은 스킨스쿠버 다이빙 전문강사의 적절한 조언을 통해 해당 상황에 맞게 적절하게 착용한다.

스쿠버 다이빙 장비 착용

5-9. B.C내에 공기 주입 / 배출

인버튼을 이용한 공기 주입

① 왼손을 접어 왼쪽 어깨부분에 있는 B.C의 인플레이터 호스를 잡는다.

② 인플레이터 호스를 따라 내려와 호스 끝부분에 있는 공기조절장치를 잡는다.

③ 엄지로 인버튼을 눌러 B.C내에 공기를 주입한다. 이때 버튼을 짧게 눌러 B.C내에 공기가 조금씩 공급되도록 하여 자신이 필요한 부력을 세심하게 조절하도록 해야 한다.

인버튼을 이용한 공기주입

아웃버튼을 이용한 공기 주입

① 왼손을 접어 왼쪽 어깨부분에 있는 B.C의 인플레이터 호스를 잡는다.

② 인플레이터 호스를 따라 내려와 호스 끝부분에 있는 공기조절장치를 잡는다.

③ 숨을 들이마신 다음 공기 조절장치 끝부분에 있는 마우스피스를 입에 댄다.

④ 아웃버튼을 누른 상태에서 입으로 공기를 불어넣는다.

⑤ 아웃버튼을 놓고 입을 뗀다.

※ 이 동작을 몇 번 반복하면 수면에서도 쉽게 떠 있을 수 있을 만큼의 부력이 확보된다.

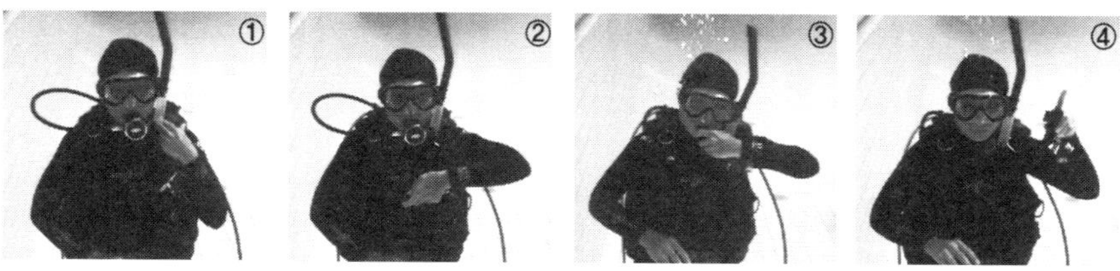

아웃버튼을 이용한 공기주입

B.C내에 공기 배출

① 왼손을 접어 왼쪽 어깨부분에 있는 B.C의 인플레이터 호스를 잡는다.
② 인플레이터 호스를 따라 내려와 호스 끝부분에 있는 공기 조절장치를 잡는다.
③ 몸을 바로 세운 상태에서 B.C의 공기 조절장치가 왼쪽 눈 앞에 위치하도록 들어 올린 상태에서 아웃버튼을 누른다. 이때 버튼을 짧게 눌러 B.C내에 공기가 조금씩 배출되도록 하여, 자신이 필요한 부력을 세심하게 조절하도록 해야 한다.

※ 수중에서 B.C내에 공기가 완전히 배출된 후에도 아웃버튼을 계속 누르고 있으면 B.C내로 물이 유입된다.

B.C내에 공기 배출

5-10. 입수(Entry)

스쿠버 장비를 착용한 상태에서 입수할 때는 먼저 B.C에 공기를 1/2이상 주입하고 레귤레이터로 호흡하면서 입수하는 것이 안전하다. 마스크와 핀은 스킨스쿠버 다이빙 전문강사의 적절한 조언을 통해 해당 상황에 적절하게 착용한다.

비치다이빙시 입수

비치 다이빙을 할 때에 해변을 걸어서 입수하는 방법이다.

① B.C에 공기를 1/2이상 주입한 후, 마스크를 먼저 착용하고 레귤레이터로 호흡하면서, 핀은 손목에 걸고 허벅지 정도의 수심까지 걸어 들어간다.
② 짝을 잡고 한쪽 핀씩 착용한다.
③ 파도의 주기를 살펴 파도의 영향이 가장 약한 순간에 입수한다.
④ 수면수영으로 하강지점까지 이동한다.

비치다이빙시 입수

앉아 입수(Control Seated Entry)

입수 할 지역과 수면과의 높이 차가 거의 없는 곳에서 실시한다.

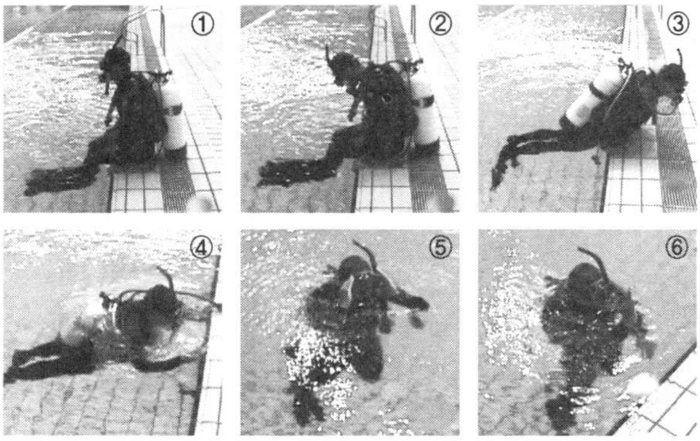

앉아 입수

① B.C에 공기를 1/2이상 주입한 후, 모든 장비를 착용하고 입수할 지역에 걸터앉는다.

② 레귤레이터를 물고 호흡을 하면서, 입수지역에 장애물 유무를 확인한다.

③ 몸을 돌려 양팔로 몸을 지지한다.

④ 양손으로 지지물을 지긋이 밀어 조용히 입수한다.

⑤ 입수 후에 마스크와 스트랩을 확인한다.

⑥ 이상이 없을 경우에 텐더에게 O.K! 수신호를 한다.

⑦ 다른 다이버가 입수하도록 입수지역에서 약간 벗어나 대기한다.

서서 입수(Step In Entry)

서서 입수

입수 할 지역과 수면과의 높이 차가 크고, 입수지역의 수심이 사람의 키보다 깊은 곳에서 실시한다.

① B.C에 공기를 1/2이상 주입한 후, 모든 장비를 착용하고 입수할 지역에 선다.

② 오른손으로 마스크와 레귤레이터를 잡고, 왼손은 게이지와 옥토퍼스를 잡아 웨이트 벨트에 위치시킨다.

③ 레귤레이터를 물고 호흡을 하면서 입수지역에 장애물 유무를 확인한다.

④ 시선은 상방향 15°정도를 보도록 하고, 한쪽 발을 앞으로 큰 걸음을 걷듯이 내디디면서 다리를 벌린 채로 입수한다. 입수시에 상체는 수면과 수직이 되도록 유지한다.

⑤ 가라앉은 몸이 수면에 떠오를 때까지 오른손과 왼손은 그대로 유지한다.

⑥ 몸이 수면에 떠오르면 마스크와 스트랩을 확인한다.

⑦ 이상이 없을 경우에 텐더에게 O.K! 수신호를 한다.

⑧ 다른 다이버가 입수하도록 입수지역에서 약간 벗어나 대기한다.

뒤로 입수(Back Roll Entry)

일어서서 중심잡기가 어려운 소형보트나 고무보트에서 주로 실시한다.

① B.C에 공기를 1/2이상 주입한 후, 모든 장비를 착용하고 가장 자리에 걸터 앉는다.

② 오른손으로 마스크와 레귤레이터를 잡고, 왼손은 게이지와 옥토퍼스를 잡아 배 쪽으로 모으고 턱을 당긴다.

③ 텐더가 입수지역의 이상유무를 확인하고 입수신호를 하게 되면, 웅크린 자세를 유지하면서 엉덩이나 실린더의 아랫부분이 수면에 먼저 닿도록 뒤로 미끄러지듯이 넘어진다.

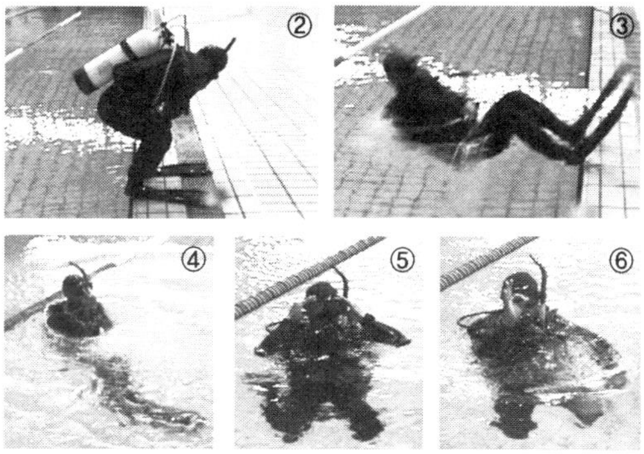

뒤로 입수

④ 가라앉은 몸이 수면에 떠오를 때까지 오른손과 왼손은 그대로 유지한다.

⑤ 몸이 수면에 떠오르면 마스크와 스트랩을 확인한다.

⑥ 이상이 없을 경우에 텐더에게 O.K! 수신호를 한다.

⑦ 다른 다이버가 입수하도록 입수지역에서 약간 벗어나 대기한다.

5-11. 물빼기(Clear)

마스크 물빼기(Mask Clear)

마스크의 위치가 올바르지 않아 물이 스며들거나, 마스크가 벗겨질 경우 또는 마스크의 유리에 흐림을 제거하기 위해 인위적으로 물을 유입시킨 후에 물빼기를 실시한다.

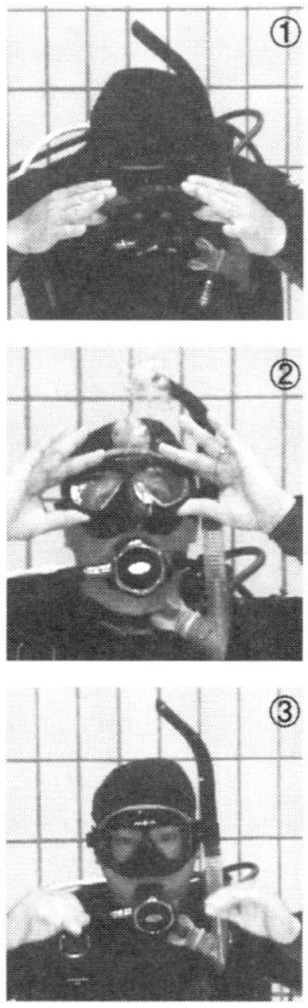

퍼지밸브가 없는 클리어

퍼지밸브가 없는 마스크

① 고개를 숙이고 오른손 인지와 중지는 마스크 상단부에 엄지는 하단부에 위치시킨다.

② 코로 공기를 내뿜으면서 고개를 드는데, 이때 오른손 인지와 중지는 마스크를 아래로 누르고, 엄지는 마스크를 약간 들어 올려 마스크내의 물이 쉽게 빠지도록 한다.

③ 물이 빠지는 것을 눈으로 확인하고, 물이 완전히 빠지면 마스크에서 손을 뗀다.

※ 물빼기가 완전히 되지 않았을 때에는 상기의 동작을 반복해서 실시한다.

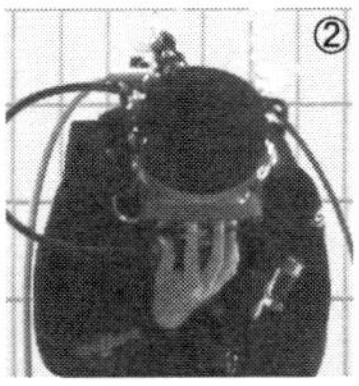

퍼지밸브가 있는 클리어

퍼지밸브가 있는 마스크

① 고개를 숙여 퍼지밸브가 가장 낮게 위치하도록 한 상태에서 한손으로 마스크의 중앙부를 누른다.

② 마스크를 누른 상태에서 코로 공기를 내뿜는다.

레귤레이터 물빼기(Regulator Clear)

레귤레이터가 입에서 빠졌을 경우에는 레귤레이터 2단계 조절장치의 내부에 물이 채워지게 된다. 이때 다시 물고 레귤레이터 물빼기를 실시한다.

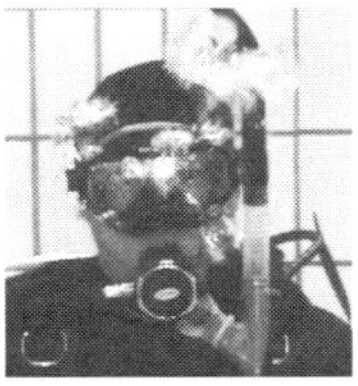
레귤레이터 클리어(숨내쉬기)

숨 내쉬기

내쉴 숨이 남아 있는 경우에는 레귤레이터 2단계 조절장치를 다시 물고 스노클 물빼기(포핑)와 비슷하게 크게 한번 정도 내쉬면, 내부에 있는 물은 쉽게 빠지게 된다.

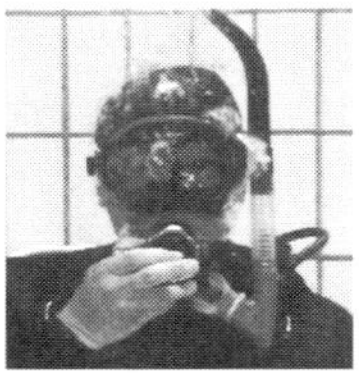
레귤레이터 클리어(퍼지버튼)

퍼지버튼 누르기

내쉴 숨이 남아 있지 않을 경우에 실시하는 방법으로, 레귤레이터 2단계 조절장치를 다시 물고 내부의 물을 삼키지 않도록 혀로 마우스피스 입구를 막은 후에 퍼지버튼을 살짝 누른다. 퍼지버튼을 누르면 실린더에서 공급되는 공기가 내부의 물을 완전히 배출시켜준다.

5-12. 레귤레이터 찾기(Regulator Recovery)

다이빙 도중에 레귤레이터 2단계 조절장치가 입에서 빠졌을 경우 또는 수면에서 스노클을 레귤레이터 2단계 조절장치로 바꿔 물어야 할 경우에 레귤레이터 찾기를 실시한다. 레귤레이터 2단계 조절장치가 입에서 빠진 순간부터 다시 찾아 입에 물때까지 숨을 조금씩 계속적으로 내쉬어야 한다.

(안전수칙 : 스쿠버 다이빙시에는 절대 호흡을 참거나 멈추지 않고, 정상적인 호흡을 실시해야 한다.)

기울여 찾기

① 숨을 들이마신 상태에서 레귤레이터 2단계 조절장치를 입에서 떼고 숨을 조금씩 계속적으로 내쉰다.
② 상체를 우측 45도 방향으로 기울인다.
③ 오른손을 편 상태에서 허벅지와 엉덩이를 지나 바깥쪽으로 크게 원을 그리듯이 휘두른다.
④ 왼손으로 오른팔을 거슬러 내려오면서 레귤레이터 호스를 찾는다.
⑤ 호스를 따라 레귤레이터 2단계 조절장치를 찾는다.
⑥ 레귤레이터 2단계 조절장치를 물고 물빼기를 실시한다.

기울여 찾기

1단계부터 찾기

기울여 찾기로 레귤레이터 2단계 조절장치를 찾지 못했을 경우에 실시한다.

① 숨을 들이마신 상태에서 레귤레이터 2단계 조절장치를 입에서 떼고 숨을 조금씩 계속적으로 내쉰다.
② 양손으로 B.C의 어깨부분을 잡고 B.C를 위로 들어 올린다.
③ 왼손은 B.C의 어깨부분을 계속 잡은 상태에서, 오른손을뒤로하여 레귤레이터 1단계에서 레귤레이터의 호스를 찾는다.
④ 호스를 따라 내려오면서 레귤레이터 2단계 조절장치를 잡는다.
⑤ 레귤레이터 2단계 조절장치를 물고 물빼기를 실시한다.

1단계부터 찾기

5-13. 하강(Descent)

하강은 하강줄 하강과 하강줄 없는 하강으로 구분된다. 하강 시 가장 좋은 방법은 하강줄 하강이며, 하강은 다리부터 실시하는 것이 압력평형이나 신체적응을 위해서도 유리하다.

하강줄 하강

하강줄 하강

① 짝에게 하강신호를 한다.
② 오른손은 하강줄을 잡는다.
③ 왼손을 접어 왼쪽 어깨부분에 있는 B.C의 인플레이터를 잡고, 인플레이터를 따라 내려오면서 공기조절장치를 잡는다.
④ B.C의 공기조절장치를 왼쪽 눈 앞에 위치하도록 들어올린 상태에서, 아웃버튼은 몇 번에 걸쳐 눌러 B.C 내의 공기를 배출한다.
⑤ 머리가 물에 잠기게 되면 B.C의 공기조절장치를 놓고 왼손으로 계속적으로 압력평형을 실시하면서 하강한다. 만약 압력평형이 이루어지지 않을 경우에는 핀킥으로 압력평형이 이루어지는 수심까지 상승한 후에 다시 하강한다.

하강줄 없는 하강

하강줄 없는 하강

① 짝에게 하강신호를 한다.
② 무릎 앉아 자세를 취하고 균형을 유지한다.
③ 왼손을 접어 왼쪽 어깨부분에 있는 B.C의 인플레이터를잡고, 인플레이터를 따라 내려오면서 공기조절장치를 잡는다.
④ B.C의 공기조절장치를 왼쪽 눈 앞에 위치하도록 들어올린 상태에서, 아웃버튼을 몇 번에 걸쳐 눌러 B.C 내의 공기를 배출한다.
⑤ 머리가 물에 잠기게 되면 B.C의 공기조절장치를 놓고 왼손으로 계속적인 압력평형을 실시하면서 하강한다. 만약 압력평형이 이루어지지 않을 경우에는 핀킥으로 압력평형이 이루어지는 수심까지 상승한 후에 다시 하강한다.

짝과 함께 하강

※ 조류가 심한 지역에서 하강줄 없는 하강을 실시할 때는 짝과의 헤어짐을 방지하기 위하여 오른손으로 서로 B.C의 왼쪽 어깨 스트랩을 잡고 하강을 실시하기도 한다.

5-14. 중성부력 조절

중성부력은 다이버가 편하게 수중활동을 할 수 있게 해주며, 수중생태계를 보호하기도 한다. 그러나 수중에서는 여러 가지의 이유(수심, 호흡량 및 공기잔량 변화 등)로 인해 부력이 변화하기 때문에 다이버가 위치한 곳이 어디든, 중성부력이 유지될 수 있도록 꾸준히 기술을 숙달하는 것이 좋다.

바닥에서 중성부력 조절(Fin Pivoting)

주로 초보다이버들이 실시하는 중성부력 조절방법으로 다른 스쿠버 다이빙 기술과 마찬가지로 충분히 숙달해야 한다.

① 몸과 다리를 편 상태에서 다리를 어깨너비만큼 벌리고 바닥에 엎드린다.
② 오른손은 앞으로 뻗고 왼손은 B.C의 공기조절장치를 잡는다.
③ 숨을 천천히 깊게 들이마시고 내쉰다.
④ 핀끝을 기준으로 숨을 들이마시면 몸의 상체가 천천히 떠오르고, 내쉬면 천천히 가라앉을 때까지 B.C내에 공기를 주입한다. 이때 세밀하게 부력을 조절을 하기 위해 인버튼을 짧게 눌러 B.C내에 공기를 주입한다.

※ 만약 부력조절 도중에 몸이 급격하게 떠오른다면 재빨리 B.C내의 공기를 배출하여 급상승을 방지하고, 다시 부력을 조절한다.

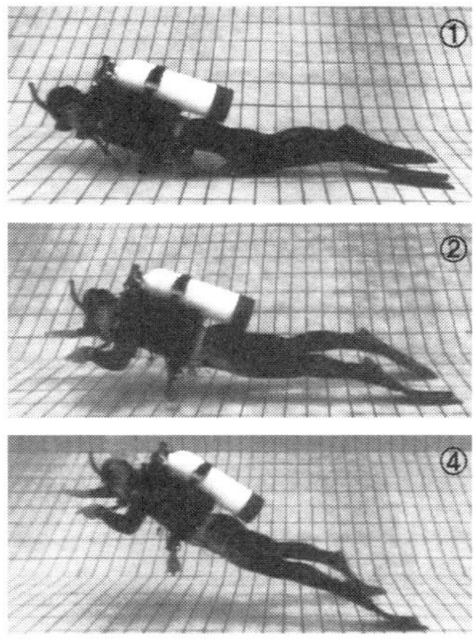

바닥에서 중성부력 조절

공간에서 중성부력 조절(Hovering)

공간에서 실시하는 중성부력 조절은 바닥에서 중성부력 조절보다 차원이 높은 기술로, 이 기술이 숙달되면 다이빙을 더욱 더 즐겁고 안전하게 할 수 있게 된다. 자세는 통상 가부좌를 많이 취한다.

① 공간에 한 개의 기준점을 설정하고 숨을 들이마시고 내쉬어 본다.
② 천천히 호흡하면서 기준점에 가까워지도록 B.C내의 공기를 조절한다. 이때 세밀하게 부력을 조절하기 위해 공기 조절장치의 인버튼 또는 아웃버튼을 짧게 눌러 B.C내에 공기를 주입하거나 배출시킨다.
③ 기준점에 가까워지면 호흡만으로 몸이 수중공간에 가만히 떠 있도록 숙달한다. 즉 숨을 들이마시고 내쉬었을 때의 부력의 차이는 2~3kg정도이므로, 몸이 떠오르기 시작하면 숨을 내쉬고, 가라앉기 시작하면 들이마시는 등의 연습을 통해 적절한 부력조절을 유지할 수 있게 숙달한다.

공간에서 중성부력 조절

5-15. 수중유영

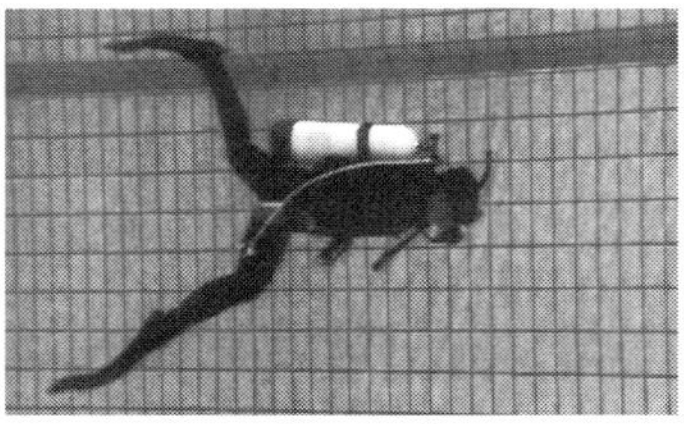
수중유영

물고기의 체형은 물의 저항을 최소화하기 위해 대부분 유선형의 형태를 갖추고 있다. 그러나 다이버는 유선형의 형태를 갖고 있지 않기 때문에 수면과 평행한 상태를 유지하여 저항을 줄이고 핀킥으로만 유영한다. 수중유영시 양팔은 주로 장비를 조작하는 등의 동작을 취하는데 사용한다.

5-16. 상승(Ascent)

상승 시에는 절대 숨을 참거나 멈추지 않고 정상호흡을 실시해야 하며, 핀킥과 B.C내의 적절한 공기배출을 병행하여 상승속도(분당 9m)를 준수해야 한다.

상승줄 상승

상승줄 상승은 상승속도 제어와 안전정지 수심 유지가 쉽다는 장점으로 가장 권장되는 상승법이다.

① 짝에게 상승신호를 보낸다.
② 몸을 수직으로 세우고 오른손으로 상승줄을 잡는다.
③ 왼손은 B.C의 공기조절장치를 잡아 왼쪽 눈 앞에 위치하도록 들어올린다.
④ 오른손은 상승줄, 왼손은 B.C의 공기를 적절히 배출하면서, 핀킥으로 상승한다
⑤ 안전정지(3~5분/5m)를 실시한다.
⑥ 수면에 도착하면 B.C에 공기를 주입하여 양성부력을 확보하고 스노클로 바꿔 문다.

상승줄 상승

■■■ 게이지를 보면서 상승

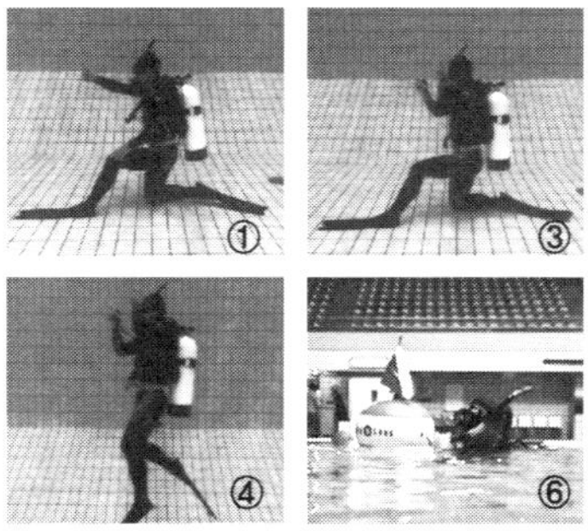
게이지를 보면서 상승

상승속도를 제어해주는 다이브 컴퓨터를 사용하는 다이버들이 주로 실시하는 상승방법이다.

① 짝에게 상승신호를 보낸다.
② 몸을 수직으로 세운다.
③ 왼손은 B.C의 공기조절장치를 잡아 왼쪽 눈 앞에 위치하도록 들어올린다.
④ 오른손은 게이지를 잡아 눈앞에 위치시켜, 게이지와 수면을 번갈아 확인하고, 왼손은 B.C의 공기를 적절히 배출하면서 핀킥으로 상승한다.
⑤ 안전정지(3~5분/5m)를 실시한다.
⑥ 수면에 도착하면 B.C에 공기를 주입하여 양성부력을 확보하고 스노클로 바꿔 문다.

5-17. 출수(Exit)

■■■ 스쿠버 다이빙 장비를 벗고 출수

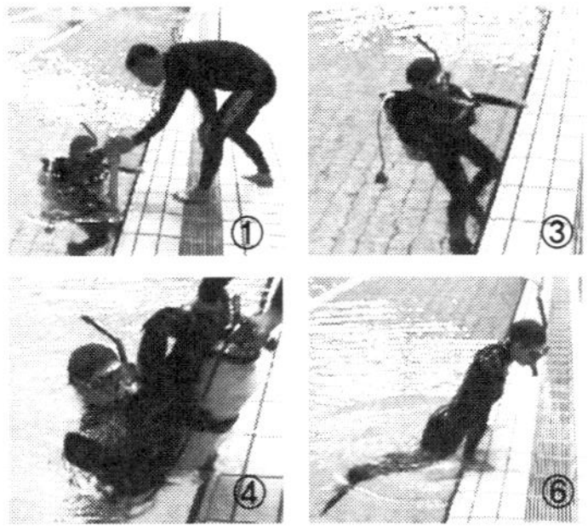
스쿠버 다이빙 장비를 벗고 출수

사다리가 없는 소형보트나 사다리가 있다고 하더라도, 스쿠버 다이빙 장비를 착용한 상태에서 이동이나 균형잡기가 힘이 드는 보트에서 실시한다.

① 왼손으로 보트 또는 지지물을 잡고, 오른손으로 웨이트벨트 또는 웨이트 포켓을 해체하여 올려준다.
② 오른손으로 B.C의 왼쪽어깨버클, 허리버클, 허리벨트 순으로 해체한다.
③ 오른손으로 스쿠버 다이빙 장비를 잡아 텐더에게 건네준 후, 장비를 끌어올릴 수 있도록 도와준다.
④ 양손으로 보트 또는 지지물을 잡고 몸을 편 상태에서 핀킥을 하면서 양손을 당겨 보트에 오른다.
⑤ 지정된 장소에서 장비를 벗어 정리한다.

핀만 벗고 출수

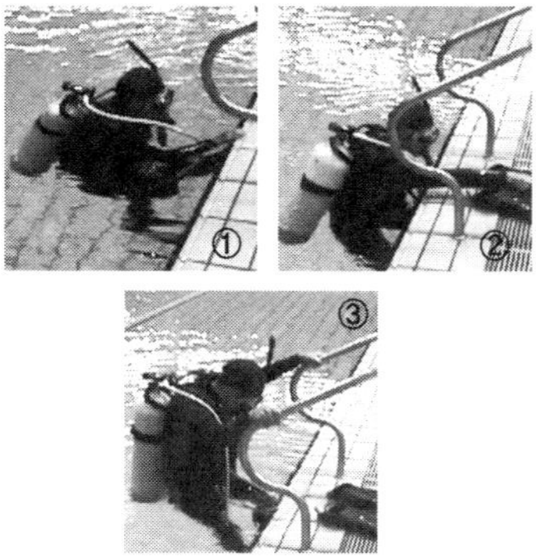

핀만 벗고 출수

사다리가 있고 스쿠버 다이빙 장비를 착용한 상태에서 이동할 수 있는 큰 규모의 보트로 출수할 때 실시하는 방법이다.

① 한손으로 사다리를 잡고 핀을 벗는다.
② 핀을 손목에 걸거나 보트위로 올려 준다.
③ 사다리를 타고 올라간다.
④ 지정된 장소에서 장비를 벗어 정리한다.

※ 다른 다이버가 사다리로 올라가고 있을 때에 사다리 아래에 위치하지 않는다. 사다리를 올라가던 다이버가 미끄러져 떨어진다면 서로 다치는 불상사가 발생할 수도 있기 때문이다.

5-18. 탈착

스쿠버 다이빙 장비 탈착(웨이트 벨트를 착용한 경우)

수중에서 스쿠버 다이빙 장비를 조작할 필요가 있거나, 수중에 있는 장애물 등에 장비가 엉켰을 경우, 짝의 도움을 받을 수 없는 상황이라면 스쿠버 다이빙 장비 탈착으로 문제를 해결해야 한다. 그러나 스쿠버 다이빙 장비 탈착 기술을 숙달했다고 해서 짝 없이 혼자 다이빙을 실시하는 것은 위험을 자초하는 것이다.

① B.C내의 공기를 전부 배출한다.
② 오른손으로 왼쪽 어깨스트랩을 늘린 후 잡아 당긴다.
③ 왼손을 접어 어깨스트랩에 끼운다.
④ 왼손을 어깨스트랩에 끼운 상태에서 오른손으로 허리버클과 허리벨트 순으로 해체한다.
⑤ 오른손은 B.C 오른쪽 하단부를 잡은 상태에서 왼손을 뒤로 젖힌다.
⑥ 장비를 다이버의 앞쪽에 위치시켜 문제를 해결한다.
⑦ 왼손으로 장비를 잡은 상태에서 오른손을 어깨스트랩에 집어넣어 실린더의 몸체를 잡는다.
⑧ 실린더를 몸 뒤쪽으로 이동시킨다.

⑨ 왼손으로 B.C의 왼쪽 하단부를 잡아 실린더를 몸에 붙인다.

⑩ 오른손으로 B.C의 왼쪽 하단부를 잡는다.

⑪ 왼쪽 어깨 스트랩에 왼팔을 집어넣는다.

⑫ 왼손으로 왼쪽 허리벨트를 잡고, 오른손으로 오른쪽 허리벨트를 잡는다.

⑬ 양손으로 허리 벨트와 버클을 착용한다.

⑭ 어깨 스트랩을 몸에 맞게 조절한다.

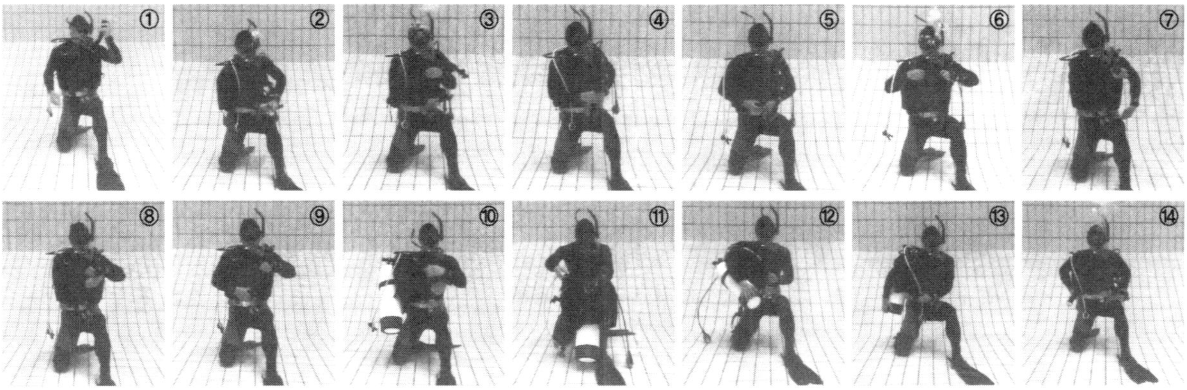

스쿠버 장비 탈착

■■■ 웨이트 벨트 탈착(웨이트 벨트를 착용한 경우)

웨이트 벨트가 다른 장비와 엉켰을 경우 또는 웨이트 벨트를 조절해야 할 필요성이 있을 때 웨이트 벨트를 벗어서 문제를 해결하고 다시 착용해야 한다. 또 부득이한 경우에는 웨이트 벨트를 풀어 버리고 비상상승을 해야 하는 상황이 발생할 수도 있다.

① 무릎앉은 자세에서 웨이트 벨트를 풀어 버클이 없는 쪽이 오른쪽에 오도록 허벅지 위에 올려놓고 문제를 해결한다.

② 오른손으로 버클이 없는 부분을 잡고 바닥에 엎드린다.

③ 오른손으로 버클이 없는 부분을 잡고 오른쪽 허벅지 하단부에 갖다 댄다.

④ 몸을 왼쪽으로 1바퀴 돌리면 웨이트 벨트가 허벅지에 걸리게 된다.

⑤ 바닥에 엎드린 상태에서 양손으로 웨이트 벨트를 자신의 몸에 꼭 맞게 조절하여 착용한다.

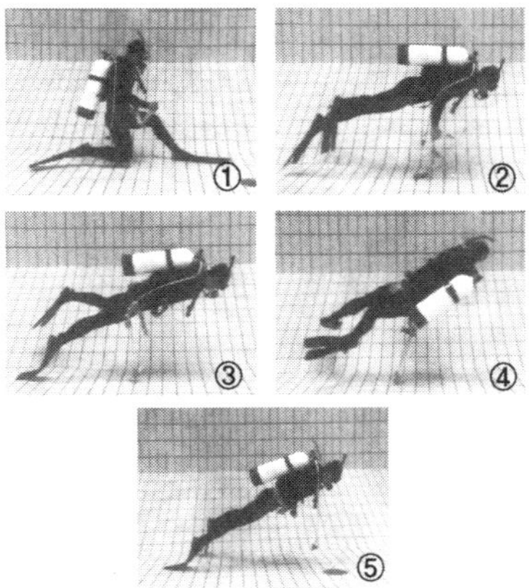

웨이트 벨트 탈착

5-19. 비상상승

비상상승은 레귤레이터가 오작동되거나, 공기가 떨어진 경우에 실시하는 기술로 자신과 짝의 안전을 위해 숙달하는 것이 좋다. 비상상승을 숙달하는 것도 중요하지만 먼저 레귤레이터가 오작동되지 않도록 정기적인 점검을 실시하고, 다이빙 도중에 공기가 떨어지지 않게 다이빙 계획을 수립하며, 자주 자신과 짝의 공기 잔압을 확인해야 한다.

수영 비상상승

수영 비상상승은 공기가 떨어진 상태에서, 수심이 12m 미만이며, 짝이 당신을 도울 수 없는 정도의 거리에 위치하고 있을 때에 실시하는 방법이다.

수영 비상상승

① 왼손은 B.C의 공기조절장치를 잡아 왼쪽 눈 앞에 위치하도록 들어 올린 상태에서 오른손은 웨이트 벨트를 잡는다.
② B.C내의 공기를 배출하면서 핀킥으로 상승하는데, 이때 수면에 도달할 때까지 숨을 계속적으로 조금씩 내쉬면서 상승한다.
③ 수면에 도착하면 아웃버튼을 이용한 공기 주입을 실시하여 확실한 양성부력을 확보한다.
④ 스노클로 바꿔 문다.

※ 만약 상승도중에 숨을 참는다면 당신의 폐는 과팽창으로 손상을 입게 될 것이다.

긴급부력 비상상승(웨이트 벨트를 착용한 경우)

긴급부력 비상상승은 공기가 떨어진 상태에서, 수심이 12m 이상이며 수영 비상상승을 실시할 자신이 없고, 짝이 당신을 도울 수 없는 정도의 거리에 위치하고 있을 때 실시한다.

① 오른손으로 웨이트 벨트를 풀어 몸중앙에 위치시키고, 왼손은 B.C의 공기조절장치를 잡아 왼쪽 눈 앞에 위치하도록 들어 올린다.
② 웨이트 벨트를 몸에서 멀리 이탈되도록 버린다.웨이트 벨트를 버리고 나면 몸은 양성부력이 형성되어 수면으로 상승하게 된다.
③ B.C의 공기를 배출하면서 상승하는데, 이때 수면에 도달할 때까지 숨

을 계속적으로 조금씩 내쉬면서 상승한다.

④ 상승속도가 빨라지게 되면 몸 자세를 큰 대(大)자가 되도록 하여 상승속도를 줄인다.

⑤ 수면에 도착하면 아웃버튼을 이용한 공기 주입을 실시하여 확실한 양성부력을 확보한다.

⑥ 스노클로 바꿔 문다.

※ 만약 상승도중에 숨을 참는다면 당신의 폐는 과팽창으로 손상을 입게 될 것이다.

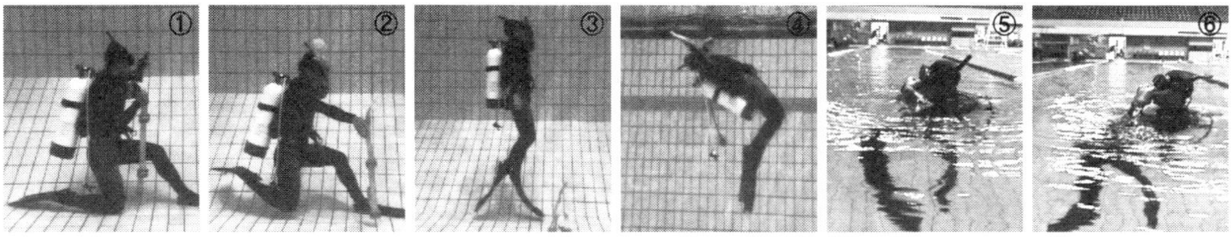

긴급부력 비상상승(웨이트 벨트를 착용한 경우)

긴급부력 비상상승(웨이트 내장형 B.C일 경우)

긴급부력 비상상승은 공기가 떨어진 상태에서, 수심이 12m 이상이며 수영 비상상승을 실시할 자신이 없고, 짝이 당신을 도울 수 없는 정도의 거리에 위치하고 있을 때 실시한다.

① 양손으로 웨이트 포켓을 해체하여 오른손으로 잡아 몸중앙에 위치시키고, 왼손은 B.C의 공기조절장치를 잡는다.

② 웨이트 포켓을 몸에서 멀리 이탈되도록 버린다.웨이트 포켓을 버리고 나면 몸은 양성부력으로 수면으로 상승하게 된다.

③ B.C의 공기를 배출하면서 상승하는데, 이때 수면에 도달할 때까지 숨을 계속적으로 조금씩 내쉬면서 상승한다.

④ 상승속도가 빨라지게 되면 몸 자세를 큰 대(大)자가 되도록 하여 상승속도를 줄인다.

⑤ 수면에 도착하면 아웃버튼을 이용한 공기 주입을 실시하여 확실한 양성부력을 확보한다.

⑥ 스노클로 바꿔 문다.

※ 만약 상승도중에 숨을 참는다면 당신의 폐는 과팽창으로 손상을 입게 될 것이다.

긴급부력 비상상승
(웨이트 내장형 B.C일 경우)

■■■ 옥토퍼스 비상상승

옥토퍼스 비상상승은 레귤레이터가 오작동되거나 공기가 떨어진 상태에서, 자신의 예비 공기공급원은 없고, 짝이 옥토퍼스를 보유하고 있으며, 당신을 도울 수 있는 거리에 위치하고 있을 때 실시한다.

① 짝에게 수신호(공기가 떨어졌다/공기를 공급해달라)를 하면서 짝에게로 이동한다.

② 수신호를 받은 짝도 공기가 떨어진 짝으로 빠르게 이동하여 자신의 옥토퍼스를 건네준다.

③ 짝의 이상유무를 확인하고 상승 수신호를 한다.

④ 서로 몸이 이탈되지 않게 오른손으로 서로의 오른쪽 어깨 스트랩을 잡고 왼손으로는 B.C의 공기조절장치를 잡고 왼쪽 눈 앞에 위치하도록 들어 올린 상태에서 상승속도를 준수하면서 상승한다.

⑤ 수면에 도착하면 양성부력을 확보한다.(공기가 떨어진 짝은 아웃버튼을 이용한 공기 주입을 실시하여 확실한 양성부력을 확보한다.)

※ 짝이 자신의 레귤레이터를 주는 경우도 있으므로, 사전에 짝과 절차에 대해 협의하는 것이 좋다.

옥토퍼스 비상상승

■■■ 레귤레이터 프리플로우(Free Flow)시 조치

현재 출시되고 있는 대부분의 레귤레이터는 안전상, 아주 민감하게 작동되도록 제작된다. 그러므로 레귤레이터에 조그마한 문제만 발생하더라도 프리플로우가 발생하게 된다. 예를 들어 레귤레이터 2단계 조절장치의 마우스피스부분이 위를 향한다거나 호흡량을 조절하는 놉을 너무 많이 열어 놓은 상태, 또는 아이스 다이빙 시 레귤레이터가 결빙되었을 경우 등이다. 프리플로우가 발생되면 레귤레이터 2단계 조절장치를 입에서 떼고 마우스피스 부분을 아래로 향하거나, 마우스피스의 입구를 엄지손가락으로 막는다. 또는 레귤레이터 2단계 조절장치를 치는 등의 충격을 가하면 프리플로우가 멈추기도 한다.

자신의 옥토퍼스는 이상이 없으며, 짝이 도울 수 없는 거리에 있을 경우
프리플로우가 멈추지 않는다면 예비공기공급원으로 호흡을 실시하면서 상승한다.

자신의 옥토퍼스는 없고, 짝이 도울 수 없는 거리에 있을 경우
마우스피스를 절반정도만 물고 호흡을 실시하면서 상승한다.

자신의 옥토퍼스는 없고, 짝이 도울 수 있는 거리에 있고 옥토퍼스가 있을 경우
짝과 함께 옥토퍼스 비상상승을 실시한다.

5-20. 지친 다이버 수면에서 이동시키기

지친 다이버를 수면에서 이동시킬 때는 먼저 양성부력을 확보하도록 유도하고, 편안한 호흡이 이루어지도록 마음을 진정시켜야 한다.

지친 다이버 끌기

① 지친 다이버가 양성부력이 되도록 유도한다.
(1차 B.C에 공기 주입, 2차 웨이트 버림)
② 구조자도 양성부력을 확보한다.
③ 지친 다이버는 수면에 누워 있는 상태에서 구조자가 실린더 밸브쪽으로 이동하여, 실린더 밸브를 잡고 누운 핀킥으로 이동한다.

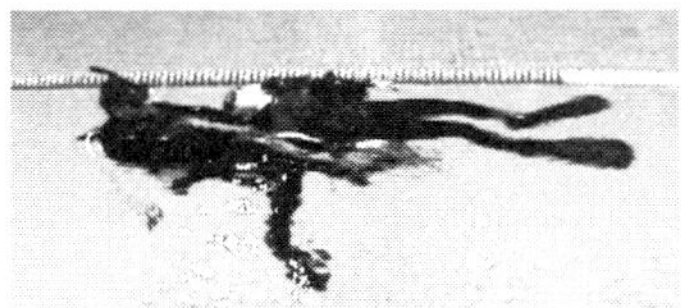
지친 다이버 끌기

지친 다이버 밀기

① 지친 다이버가 양성부력이 되도록 유도한다.
(1차 B.C에 공기 주입, 2차 웨이트 버림)
② 구조자도 양성부력을 확보한다.
③ 지친 다이버는 수면에 누워 있는 상태에서 구조자가 핀쪽으로 이동하여 핀을 어깨위에 위치시키고, 엎드린 핀킥으로 이동한다.

지친 다이버 밀기

5-21.나침반 활용

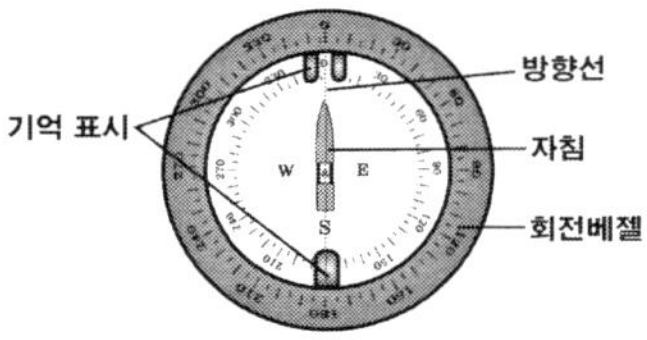

나침반의 구조

나침반은 야간 또는 시야가 좋지 않을 때, 큰 도움을 주게 된다.그러나 수중에서는 육상과는 달리, 여러 가지 불리한 조건(물의 흐름으로 인한 수심 및 몸의 균형유지 곤란)등에 의해 나침반을 이용하여 정확하게 방향을 유지하기 어렵기 때문에, 사전에 특별한 훈련과 연습을 해야 한다.

나침반 내부는 특수오일로 채워져 압력을 견디도록 제작되어 있으며, 바늘이 떨지 않고 천천히 움직이므로 읽기가 쉽다. 자침은 나침반이 수평을 유지할 때는 물론, 약간 기울어져 있을 경우에도 작동이 원활하게 이루어지도록 제작되어 있다. 또 나침반은 야간다이빙이나 시야가 좋지 않은 곳에서 다이빙을 실시할 때를 대비하여 야광으로 제작되어 있고, 나침반 유영 시 기준이 되는 방향선(Reference Line)과 기억표시(Index Mark)를 할 수 있게 제작되어 있다.

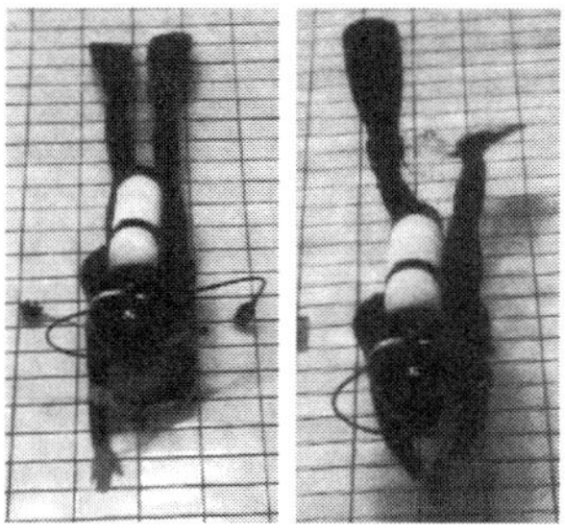
나침반을 보는 자세

나침반을 보는 자세

나침반의 방향선이 전진방향과 일치되도록 해야 한다.

왼쪽 손목

왼쪽 손목에 찬 경우는 오른팔을 앞으로 곧게 뻗은 상태에서 왼쪽 팔을 접어 왼손으로 오른쪽 팔꿈치를 잡은 자세가 올바른 자세이다.

콘솔 게이지

콘솔 게이지의 경우는 양손으로 콘솔 게이지를 잡아 몸의 중앙 정면에 위치시키는 것이 올바른 자세이다.

나침반 사용법

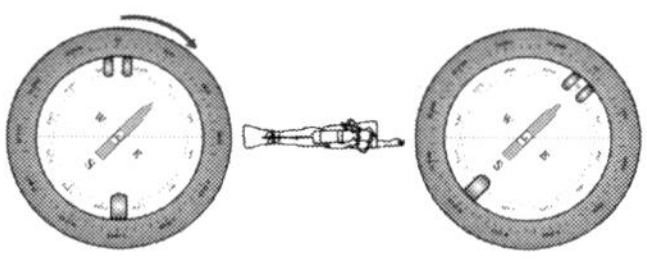
전진방향 설정

전진방향 설정

가고자 하는 방향과 방향선이 일치하도록 한 상태에서, 회전베젤(Bezel)을 돌려 기억표시가 자침과 일치하도록 고정시킨다. 이렇게 고정시킨 기억표시와 자침이 어긋나지 않도록 유영하면 목표지점에 도달할 수 있다.

귀환방향 설정

귀환 방향을 설정하려면 회전베젤(Bezel)을 180도 돌려서, 기억표시가 정반대쪽에 위치하도록 한 후, 몸을 180도 돌려서 자침과 기억표시가 일치하도록 한다. 이렇게 고정시킨 기억표시와 자침이 어긋나지 않도록 유영하면 최초의 출발점으로 돌아오게 된다.

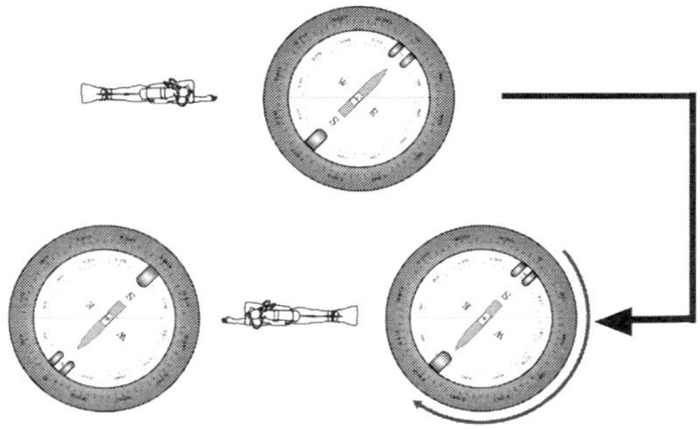

귀한방향 설정

사각형 이동

나침반을 이용하여 사각형태의 이동을 할 경우에는 나침반 보는 법은 물론, 거리측정능력도 보유하고 있어야 한다. 먼저 방향을 설정하고 일정할 거리를 이동한 다음, 90도로 방향을 전환하여 다시 동일한 거리만큼 이동하기를 반복하면 된다.

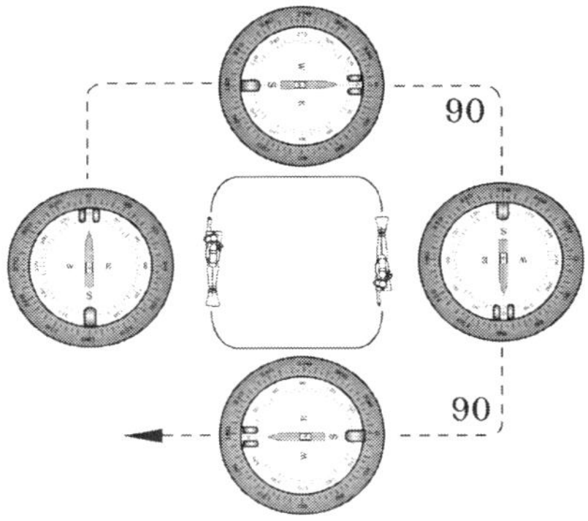

사각형 이동

6. 안전수칙을 벗어난 다이빙을 하게 되면 이런 일도 발생할 수 있다

6-1. 폐의 과팽창으로 인한 상해

6-2. 감압병

6-3. 질소마취

6-1. 폐의 과팽창으로 인한 상해

스쿠버 다이버가 상승 도중 숨을 멈추거나 참을 경우에는 폐의 공기가 팽창하게 되고, 이로 인해 폐의 조직이 과도하게 부풀어 조직이 손상되거나 파열된다. 폐의 과팽창으로 인한 증상과 증세는 다양하게 나타나지만, 그 예방은 쉽게 할 수 있다. 스쿠버 다이빙시에 절대로 숨을 참거나 멈추지 않고, 정상적인 호흡을 실시하고 상승속도(9m/분)를 준수하는 것이다.

■■■ 공기 전색증(공기 색전증, 에어 엠블리즘)

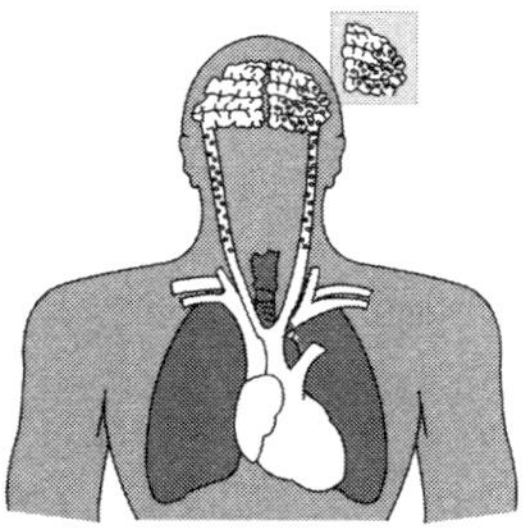

공기 전색증

원인

폐의 과팽창으로 인해 형성된 기포가 동맥으로 유입되어, 뇌로 통하는 혈액의 흐름을 막아 발생된다.

증상/증세

호흡곤란, 가슴 통증, 시각혼란, 의식불명

조치

머리를 다리보다 낮게 하고 왼쪽으로 눕힌 상태에서 즉시 순수산소를 공급하고, 재압치료를 실시한다.

예방

스쿠버 다이빙시에는 항상 정상적인 호흡을 실시하고 상승속도(9m/분)를 준수한다.

■■■ 종격 기종

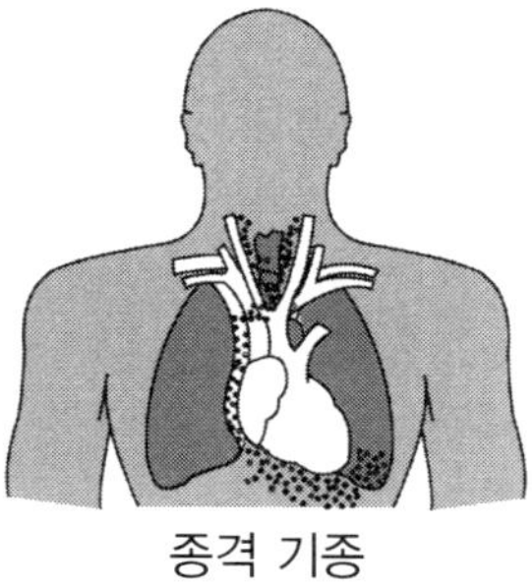

종격 기종

원인

폐의 과팽창으로 인해 형성된 기포가 폐와 흉골사이의 가슴으로 유입되어 발생된다.

증상/증세

호흡곤란, 흉골하(가슴뼈 밑) 통증, 청색증

조치

즉시 순수산소를 공급하면서 병원으로 후송시킨다.

예방

스쿠버 다이빙시에는 항상 정상적인 호흡을 실시하고 상승속도(9m/분)를 준수한다.

기흉

원인

폐의 과팽창으로 인해 형성된 기포가 폐와 흉막사이에 유입되어 발생된다.

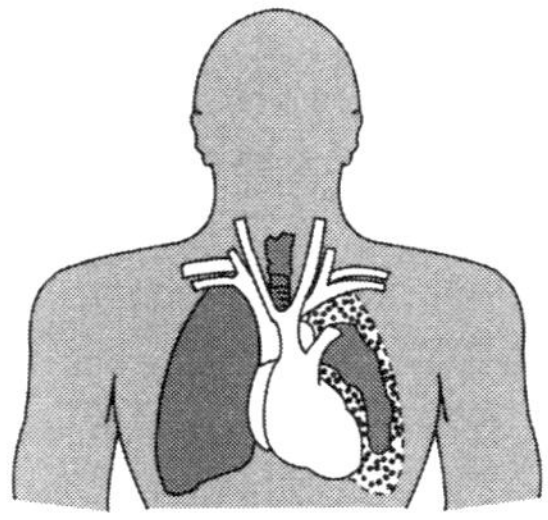

기흉

증상/증세

호흡곤란, 가슴 한쪽 통증, 청색증

조치

즉시 순수산소를 공급하면서 병원으로 후송시킨다.

예방

스쿠버 다이빙시에는 항상 정상적인 호흡을 실시하고 상승속도(9m/분)를 준수한다.

피하기종

원인

폐의 과팽창으로 인해 형성된 기포가 종격동에서 목주변의 피부 밑으로 유입되어 발생된다.

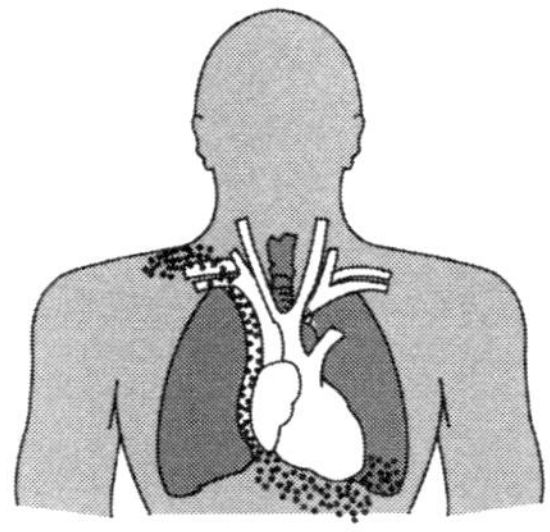

피하기종

증상/증세

호흡곤란, 목의 통증, 목소리의 변화, 침을 삼키면 통증, 목주위의 피부를 건드리면 딱딱한 소리가 난다.

조치

즉시 순수산소를 공급하면서 병원으로 후송시킨다.

예방

스쿠버 다이빙시에는 항상 정상적인 호흡을 실시하고 상승속도(9m/분)를 준수한다.

6-2. 감압병

감압병 = D.C.S(Decompression Sickness)
= 벤즈(Bends) = 케이슨병(Caisson Disease)

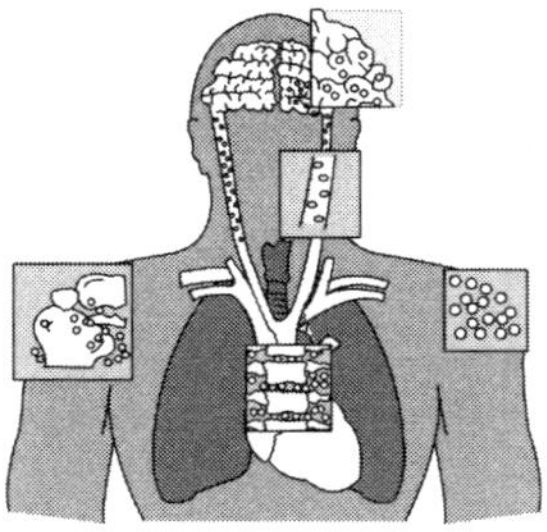

감압병

원인

스쿠버 다이빙을 하게 되면 호흡하는 공기중의 질소가 신체의 각 조직에 축적된다. 이 질소는 다이빙을 실시하는 수심이 깊을수록, 시간이 길수록 그리고 수온이 차가울수록 많이 축적되게 된다. 이렇게 축적된 질소는 상승을 하면서부터 호흡을 통해 서서히 체외로 배출된다. 만약 다이빙 시간이 길어 질소가 체내에 과다하게 축적 되어 정상적인 상승속도를 준수하더라도 질소가 적절히 배출되지 못하여 기포를 형성하거나, 또는 체내에 과다하게 축적되지 않았더라도 빠른 상승으로 급격하게 압력이 감소하면 기포를 형성하게 되고, 이 기포들이 혈관을 막거나 신체조직에 머물게 되어 심각한 장애를 초래하게 된다.

증상/증세

발생된 기포가 어느 부위에 위치하는가에 따라 다양한 증상과 증세가 나타나게 된다.

(피부에 반점, 근육 또는 척추마비, 호흡곤란, 의식상실)

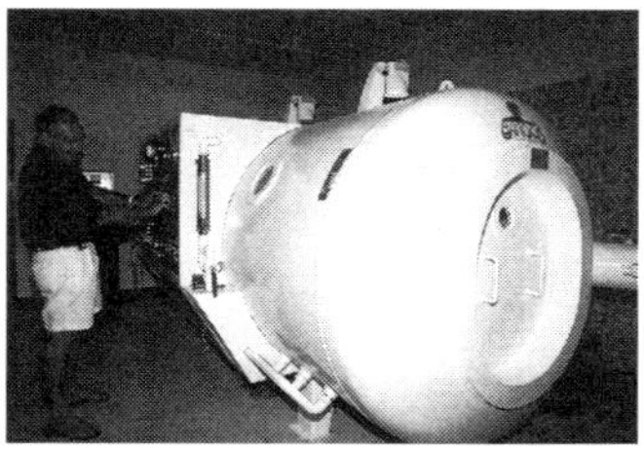

재압 챔버

조치

순수 산소를 공급하고 재압챔버로 신속히 이송한다.

예방

깊은 수심에서 다이빙을 할수록 체내에 축적되는 질소의 양이 많으므로 깊은 수심에서의 다이빙을 삼가고, 다이빙시간도 다이브 테이블에서 요구하는 최대다이빙시간(무감압한계시간)을 준수해야 한다. 또 상승시에 상승속도(9m/분)를 준수하고, 안전정지를 반드시 실시해야 한다.

※ 종종 감압병 징후가 있는 다이버를 다시 다이빙을 하도록 하는 수중재압치료법이 소개되고 있으나, 이것은 증상 및 증세를 더욱 악화시키는 결과를 초래할 수도 있으므로, 실시하지 않도록 해야 한다.

6-3. 질소 마취

원인

정확한 원인은 규명되지 않았으나, 압축공기로 호흡 시에 통상 30m 정도의 수심에서 발생된다. 이 질소마취는 다이버에 따라 발생하는 수심대가 다르므로, 자신의 수준에 맞게 항상 안전한 다이빙을 실시하는 것이 좋다.

증상/증세

술(알코올)에 만취되었을 때와 같이 사고력 및 판단력이 저하 또는 상실된다.

조치

질소마취가 발생한 수심보다 얕은 수심으로 상승하면 빠르게 해소된다.

예방

추천되는 최대 수심이상에서의 다이빙을 금지하고, 하강시에는 다리부터 천천히 하강한다.

수심(미터)	기분	지적능력	자극에 대한 반응	균형과 조정
10 20 30	가벼운 행복감	가벼운 분별력 상실	시, 청각적인 자극에 대한 늦은 반응	가벼운 균형감 상실
30 40 50	자만심과 웃음	잘못된 계산과 선택 그리고 일정한 행동양식		

7. 여성 다이버는 몇 가지 더 알아두자

7-1. 신체적인 차이
7-2. 월경(Menstruation)
7-3. 온도에 대한 적응력
7-4. 감압병
7-5. 임신(Pregnancy)

7-1. 신체적인 차이

근육

수중에서는 부력으로 인해 스킨스쿠버 다이빙 장비의 무게를 거의 느끼지 못하기 때문에, 여성의 근육이나 힘이 부족하다고 해서 다이빙을 실시하는 데 큰 문제가 되지 않는다.

여성 다이버

폐

여성의 폐가 남성보다 조금 작다. 이로 인해 호흡은 얕지만, 남성보다 효율적으로 이루어지기 때문에 대부분의 여성이 공기를 더 오래 사용한다.

심장박동수

여성의 맥박은 남성보다 약간 빠르기 때문에 힘든 운동이나 스킨스쿠버 다이빙을 하게 되면, 남성보다 쉽게 호흡과 맥박이 빨라져 탈진현상의 발생 빈도가 높게 나타난다. 하지만 충분한 휴식과 영양 공급을 통해 안전하고 즐거운 스킨스쿠버 다이빙을 실시할 수가 있다.

7-2. 월경(Menstruation)

월경 시 통증이나 다른 이유 등으로 약을 복용한 상태라면 스킨스쿠버 다이빙을 하지 않는 것이 좋다. 몸의 상태가 좋을 경우에는 가능하지만, 다이빙 도중에 조그마한 이상이라도 느끼게 되면 즉시 다이빙을 중단하고 상승하는 것이 좋다.

7-3. 온도에 대한 적응력

피하지방

일반적으로 여성의 피하지방은 남성에 비하여 두껍기 때문에 남성보다 추위를 덜 느낀다고 한다. 그러나 여성의 신체는 단위무게에 대한 부피가 크다. 즉 물과 접촉되는 상대적인 표면적이 크기 때문에 체온을 빨리 빼앗길 수 있다. 또 근육질의 몸은 운동을 하거나, 몸이 떨리면서 열을 발산시키는데, 상대적으로 여성다이버들은 남성다이버에 비하여 근육질이 적으므로, 운동에 의해 열을 발산하는 기능이 떨어져 추위를 이겨내기가 어렵다. 그러므로 반드시 수온에 적절한 다이빙 슈트를 착용하고 다이빙을 실시해야 한다.

땀샘 수

여성은 남성에 비해 땀샘 수가 적으므로, 남성보다 체온이 1~2℃정도 더 상승해야만 땀을 흘리게 된다. 땀을 흘리는 것은 체온을 식히기 위한 수단이므로, 땀샘수가 적은 여성이 남성보다 체온상승을 일으키기 쉽고, 이로 인해 탈수증도 남성보다 쉽게 유발될 수 있기 때문에, 스킨스쿠버 다이빙 전후에 충분한 수분 섭취를 해야 한다.

여성 다이버

7-4. 감압병(D.C.S)

여성은 남성에 비하여 감압병에 걸릴 확률이 높다고 한다. 이론적인 근거 첫 번째는 여성이 남성에 비하여 지방질을 많이 가지고 있다는 것이다. 이 지방질은 질소와의 친화력이 강하여 남성보다 많은 질소가 체내에 축적되므로, 상승 시에는 남성보다 더 많은 잔류질소를 배출해야 한다. 두 번째는 생리기간이나 피임약을 복용했을 경우, 순환계통에 영향을 주게 되어 감압병의 발병 확률이 높아진다는 것이다. 따라서 여성다이버들은 다이브 테이블에 명시된 최대다이빙시간(무감압한계시간)을 초과하지 않고, 좀 더 낮은 수심, 좀 더 짧은 시간의 다이빙을 계획하고 즐기는 것이 안전하다.

7-5. 임신(Pregnancy)

여성 다이버

현재 의학계나 스킨스쿠버 다이빙 교육단체들은 임산부나 태아에게 아직까지 발견되지 않은 나쁜 영향이 있을지도 모른다는 우려로 임신기간 동안에 스킨스쿠버 다이빙을 금하고 있다.

8. 해양환경부터 이해하고 바다 다이빙을 즐기자

8-1. 민물과 바닷물의 밀도 차이

8-2. 육풍과 해풍

8-3. 수온약층

8-4. 바닷물의 움직임

8-5. 바닥의 조건

8-6. 해양환경이 생물에게 미치는 영향

8-7. 수중생물에 대하여

8-1. 민물과 바닷물의 밀도 차이

바닷물에는 짠맛을 나타내는 염화나트륨(소금)과 쓴맛을 나타내는 염화마그네슘(간수)등과 같은 물질들이 녹아 있기 때문에 민물보다 2.5%정도 밀도가 크다. 그러므로 바다에서 스킨스쿠버 다이빙을 할 때는 다이버에 따라 1∼4㎏정도의 웨이트를 더 착용해야 한다. 물론 스킨스쿠버 다이빙 전문강사를 통해 바다에서도 자신에게 적절한 웨이트양을 산출하여 다이빙을 하는 것이 좋다.

8-2. 육풍과 해풍

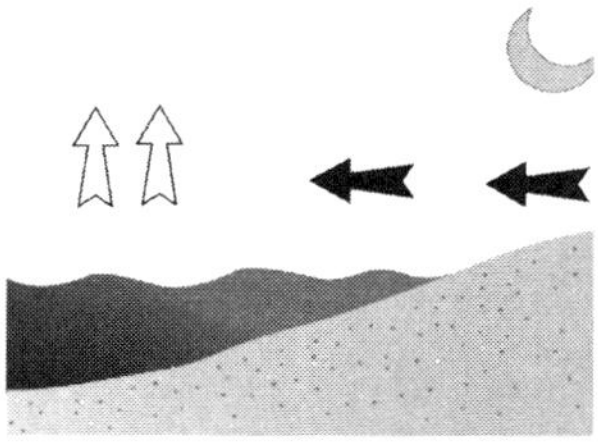
육풍

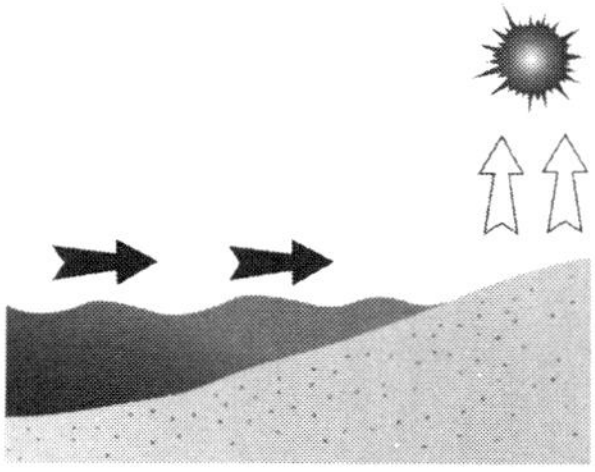
해풍

육풍과 해풍은 육지면과 해수면의 상대적인 온도차에 의한 대기의 순환작용으로 인해 발생된다.

육풍

주로 밤에 이루어진다. 밤에는 육지가 해수보다 상대적인 온도가 떨어져 해수쪽으로 대기가 순환하기 때문이다.

해풍

주로 낮에 이루어진다. 낮에는 육지가 해수보다 상대적인 온도가 높아져 육지쪽으로 대기가 순환하기 때문이다.

8-3. 수온약층

수온약층은 찬물과 따뜻한 물의 경계지역을 뜻한다.

발생원인

수심이 깊어짐에 따라 태양 복사에너지가 깊은 수심까지 미치지 못하기 때문에 발생된다.

발생현상

다이버가 하강할 때 갑자기 추워진다. 또 밀도의 변화로 인해 아지랑이처럼 시야가 흐려지는 현상이 발생된다.

형성 수심

형성 수심과 분포는 지역 및 계절에 따라 다르게 나타난다.

※ 수온약층에 대처를 하지 못할 경우에는 체온저하가 발생할 수도 있으므로, 이에 대비한 적절한 다이빙 슈트를 착용하는 것이 좋다.

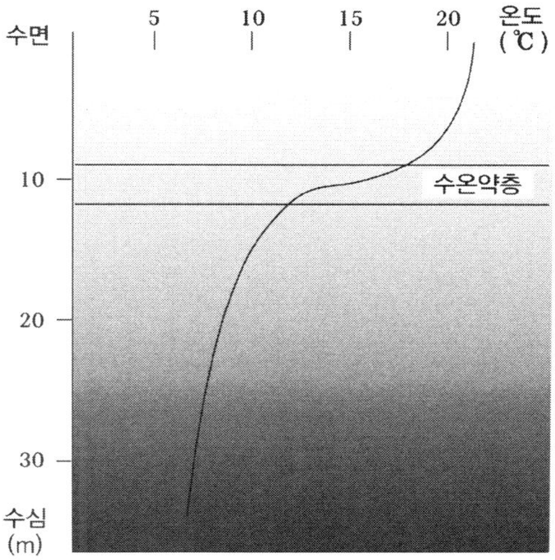

수온약층

8-4. 바다물의 움직임

해류

해양에서 이루어지는 물의 흐름을 뜻하며, 규모는 대양해류에서부터 소형의 소용돌이에 이르기까지 다양하다. 해류가 있는 지역에서의 다이빙은 하강줄 하강을 실시하고, 항상 해류를 거슬러 이동하며, 복귀 시에 해류를 이용하도록 스킨스쿠버 다이빙 전문강사의 브리핑과 조언을 통해 계획을 수립하고 다이빙을 실시한다.

해류에 영향을 미치는 요인

- 지구의 자전 : 북반구는 시계방향, 남반구는 반시계방향 의 흐름이 형성
- 지구의 공전 : 조류가 발생

조류

정의

조석현상에 의해 발생되는 물의 움직임을 뜻한다.

방향

밀물과 썰물에 따라 변한다.

조류의 세기

조금때보다 사리때가 강하다.

조석

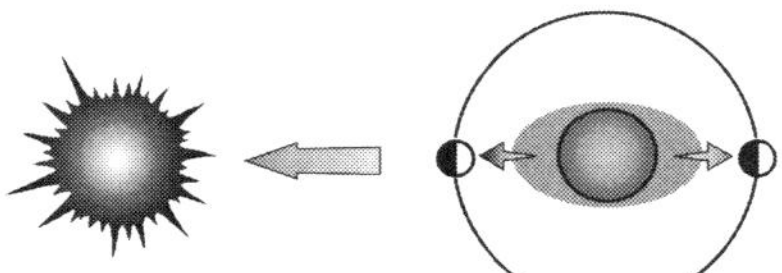

사리(음력1, 15일)

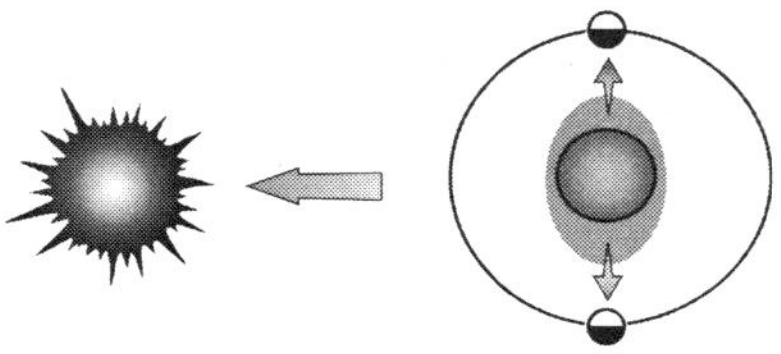

조금(음력 7, 23일)

조석

- 정의 : 기조력에 의해 발생하는 해수의 주기적인 상하운동
- 발생원인 : 기조력에 의해 발생된다.(기조력 : 태양, 지구, 달의 인력차이)
- 사리(대조) : 조석이 최대일 때, 즉 태양, 지구, 달이 일직선상에 위치할 때 발생된다(음력1, 15일).
- 조금(소조) : 조조석이 최소일 때, 즉 태양, 지구, 달의 위치가 직각이 될 때 발생된다(음력7, 23일).
- 조석의 현상

- 만조 : 하루 중 해수면이 최고가 되었을 때
- 간조 : 하루 중 해수면이 최저가 되었을 때
- 정조 : 밀물과 썰물이 교차되는 시점에서 물의 흐름이 일시적으로 정지될 때

■■■ 해파

해수면의 주기적인 승강운동으로 나타나는 너울, 파랑, 쇄파 등을 뜻한다. 이러한 해파는 움직임이 있는 것처럼 보이지만, 실제로는 물의 흐름이 없고 물입자가 상하운동을 통해 전달하는 에너지의 연속적인 형태이며, 보통 바람이나 지진, 조석에 의해 주로 수면에 발생된다. 이러한 해파는 너울, 파랑 등의 형태로 나타나고, 수심이 낮은 지역이나 수중장애물이 있는 지역에서는 쇄파(Surf)의 형태로 바뀌어 부서지게 된다. 쇄파가 형성되는 지역을 쇄파지역(Surf Zone)이라고 하며 이 지역에서는 거품이 많이 형성되어 부력이 줄게 되고, 시야도 제한되며, 신체의 균형유지가 곤란하기 때문에 휩쓸리지 않게 주의해야 한다.

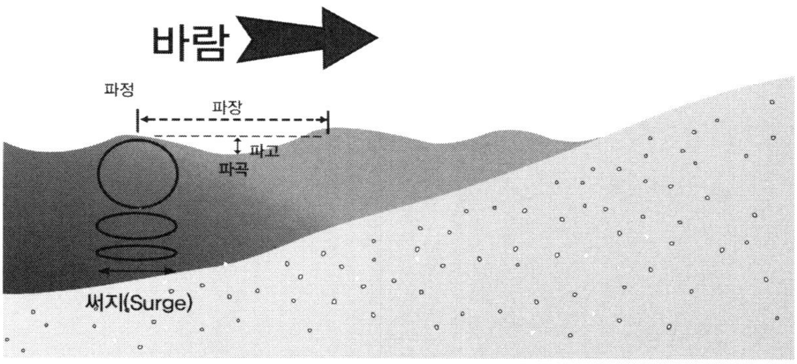

해파

8-5. 바닥의 조건

산호지역

산호지역

대부분 좋은 시야와 따뜻한 수온, 풍부한 생물등으로 인해 즐겁게 다이빙을 실시할 수 있다. 그러나 다이빙 중에 산호에 긁힐 수도 있고, 산호지역에 서식하는 생물들에게 상해를 입을 수도 있으며, 시야가 좋아 계획한 수심보다 더 깊게 다이빙을 하는 등의 위험요소가 존재한다.

모래지역

암반지역

암반지역에서 이동할 때는 해조류로 인해 미끌어지지 않도록 조심한다.

모래지역

물의 이동에 따라 시야가 제한된다. 이런 지역을 사막처럼 생물이 존재하지 않는다고 생각하는 다이버가 많지만, 의외로 수많은 수중생물의 보금자리로 제공되므로, 자세하게 관찰하면 다양한 생물들을 접할 수 있다.

난파선

진흙지역

대부분 시야가 좋지 않기 때문에 정확한 방향유지가 필요하며, 특히 핀킥으로 인해 바닥의 앙금이 일어나게 되면, 시야가 극도로 나빠질 우려가 있으므로, 정확한 중성부력을 유지하고 움직임에 주의한다.

인공구조물

방파제, 부두, 선창 등의 구조물은 장비를 쉽게 이동할 수 있게 하며, 파도나 조류를 막아 다이빙을 쉽게 할 수 있도록 해주기도 하지만, 보트 또는 낚시줄 때문에 위험할 수도 있다.

난파선

난파선 다이빙은 다이버에게 굉장한 흥미를 유발할 수 있지만, 엉킴, 걸림 또는 방향상실 등의 위험요소가 존재하므로, 스킨스쿠버 다이빙 전문강사의 통제를 잘 따르도록 한다.

8-6. 해양환경이 생물에게 미치는 영향

밀도

밀도는 생물들의 움직임과 형태를 결정하는 중요한 요소이다. 물의 밀도는 공기의 밀도보다 약 800배 정도 크기 때문에 수중에서 빠른 속도를 내는 어류들은 저항을 줄이기 위해 대부분 유선형의 형태를 갖고 있다.

중력

수중에서는 중력을 거의 느끼지 못하기 때문에 중력을 많이 받는 육상생물들처럼 견고한 골격이 필요없으며, 또한 크기에도 영향을 받지 않는다.

물의 흐름

수중에는 해면, 산호등과 같이 움직이지 않고, 플랑크톤과 같은 먹이를 섭취하는 생물들도 있는데, 이것은 플랑크톤이 물의 흐름으로 인해 움직이기 때문이다.

또 물의 흐름을 이용하여 정충과 알을 체외로 배출하여 수중의 공간에서 체외수정을 통하여 번식하기도 한다.

빛

생물들은 대부분 태양으로부터 에너지를 공급받는다. 그러나 수중에서는 수심에 따라 점차적으로 빛이 흡수되기 때문에 빛을 에너지로 하는 수중생물들은 대부분 낮은 수심에서 서식한다.

산소

수중에서는 산소의 농도가 희박하기 때문에 수많은 수중생물들은 육상생물의 폐 대신에 산소 획득에 용이한 아가미를 갖고 있다. 그러나 몇몇 종류의 포유류나 파충류, 양서류 등은 주기적으로 수면에서 호흡을 하기도 한다.

8-7. 수중생물에 대하여

수중생물에 대한 이해

많은 사람들은 수중생물에 대한 공포감을 가지고 있다. 물론 수중생물이 잠재적인 위험요소를 갖고 있다는 것을 부인할 수는 없지만, 그러한 공포감의 대부분은 흥미 유발을 위한 소설이나 전설 등을 의해 만들어진 경우가 많다.

수중생물에 대한 잘못된 견해

① 수중생물은 모두 위험하고 해롭다.
② 수중생물은 모두 호의적이다.
② 무생물로 착각한다. 예)산호, 해면, 불가사리, 성게
② 인간과 같은 행동양식을 갖고 있다.
예) 길들여진 돌고래나 물개

수중생물의 잠재적인 위험성/응급처치

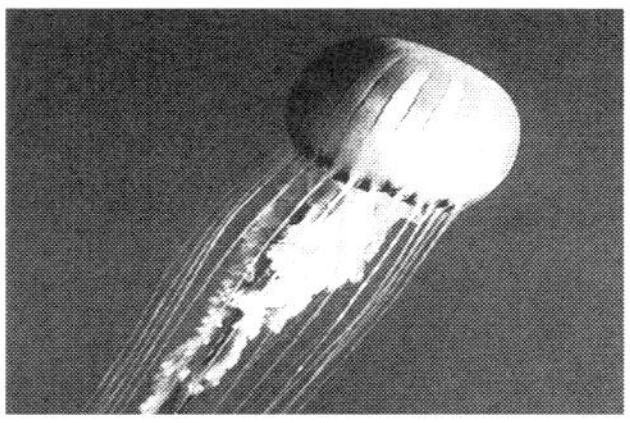
해파리

해파리

쏘이게 되면 따끔거리고 아픈 부위가 팽팽하게 부어 오르며 붉게 변한다. 만약 해파리에 쏘였다면, 쏘인 부위가 퍼지지 않도록 조심스럽게 알코올이나 베이킹소다와 같이 독소를 중화시키는 약품을 사용한다.

말미잘

말미잘

적도 지역의 몇 종의 말미잘은 접촉 후에 가려운증상이 발생되기도 한다.

산호

산호

딱딱한 산호는 다이버의 노출된 부위를 쉽게 베거나 긁어버린다. 이러한 상처는 완치까지의 시간이 오래걸리고, 가려움과 고통이 계속된다. 또 2차 감염이 발생되기도 한다.

조개류

날카로운 부분이 있어 다이버의 노출된 부위를 베거나 자르게 된다. 그러므로 반드시 다이빙 슈트와 글러브를 착용할 것을 권장한다.

성게

성게

성게 가시를 주의한다. 성게의 가시는 부러지기 쉬우므로, 중성세제를 묻힌 핀셋이나 그 밖의 기구로 조심스럽게 제거하고 소독제로 닦아 중화시킨 후, 전문의의 치료를 받는다.

상어

상어

상어가 발견되는 흐린 물에서는 다이빙을 하지 말고, 상어가 보인다면 조용히 바닥에서 머무른다. 만약 상어가 과도한 흥미를 보이는 징후가 있거나, 되돌아가는 징후를 보이면 상어의 공격으로 보아야 한다.

기타 독성이 있는 어류에 의한 상처

가능한 상처 전체를 물에 담그고 조심스럽게 남아 있는 물질을 제거한 후, 독을 중화시키기 위해 뜨거운 물에 찜질을 실시하고 전문의의 치료를 받는다.

라이언 피쉬

일반적인 상처의 치료방법

① 직접 압박을 가해서 피를 멈춘다.
② 소독제로 잘 닦는다.
③ 소독된 붕대로 상처를 보호하여 2차 감염을 막는다.
④ 필요하면 전문의의 치료를 받는다.

9. 안전하고 즐거운 바다 다이빙을 위한 계획 세우기와 진행

9-1. 계획세우기
9-2. 진행
9-3. 짝(Buddy)

9-1. 계획 세우기

■■■ 장기적인 계획

건강상태 유지

적절한 식사와 휴식, 자신에게 맞는 운동, 정기적인 건강진단을 통해 최상의 건강상태를 유지한다.

지식의 축적

스킨스쿠버 다이빙 전문강사와 다이빙 교재를 통해 다이빙에 관한 지식을 지속적으로 습득한다.

지속적인 훈련실시

스킨스쿠버 다이빙 전문강사를 통해 레벨업 교육을 이수하거나, 수준유지를 위해 꾸준히 훈련을 실시한다.

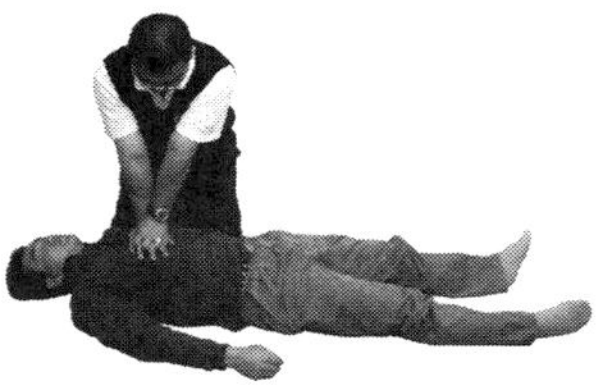
심폐소생술

응급처치와 구조기술 습득

필요시에 스킨스쿠버 다이빙 전문강사를 통해 응급처치와 구조기술을 습득하고 숙달한다.

다이빙 포인트에 대한 정보획득

다이빙 전문점이나 스킨스쿠버 다이빙 전문강사, 다이빙 전문잡지 등을 통해 다이빙 포인트에 대한 정보를 획득한다.

다이빙 동료들과의 친목유지

자신이 속한 다이빙 전문점의 모임에 자주 참가하여 정보를 교환하고 친분을 유지한다.

최상의 장비상태 유지

스킨스쿠버 다이빙 전문강사를 통해 정기적인 점검을 의뢰하여 최상의 장비상태를 유지한다.

단기적인 계획

다이빙 장소 선정

다이빙 전문점이나 스킨스쿠버 다이빙 전문강사를 통해 다이빙 장소를 선정하고 일정을 확인한다.

장비 준비

다이빙에 필요한 장비를 빠짐없이 준비하고, 필요한 장비는 스킨스쿠버 다이빙 전문강사의 적절한 조언을 통해 구입한다.

충분한 휴식

다이빙 전날에는 음주나 흡연을 삼가고, 적절한 식사와 충분한 휴식을 취한다.

9-2. 진행

브리핑 청취

진행에 있어 스킨스쿠버 다이빙 전문강사가 전반적인 통제를 하므로, 스킨스쿠버 다이빙 전문강사의 조언과 지시에 따라 행동하면, 보다 더 안전하고 즐거운 다이빙을 하게 될 것이다.

자연환경 관찰

다이빙 직전

건강상태 확인

건강상태가 좋을 때만 다이빙을 실시하고, 좋지 않을 때는 과감하게 포기한다.

계획수립

스킨스쿠버 다이빙 전문강사의 브리핑 청취

스킨스쿠버 다이빙 전문강사의 브리핑과 조언을 바탕으로 짝과 함께 구체적인 다이빙 계획을 수립한다.

장비 착용을 서로 도와줌

장비착용

짝과 서로 도와 장비를 착용하고 확인 및 점검을 실시한다.

■■■ 다이빙 중

하강

상승

장비 착용상태 점검

입수하기 전에 짝과 서로의 장비 착용상태를 최종적으로 점검한다.

입수/하강

계획한 지점에서 입수한다. 다이빙 전에 짝을 확인하고 짝과 함께 하강을 실시한다.

다이빙 실시

짝과 함께 사전에 수립한 계획대로 다이빙을 실시하며, 수시로 서로의 공기잔량을 확인하고, 짝과 헤어지면 짝과 협의한대로 행동한다.

상승/출수

짝과 함께 상승하고 계획한 지점에서 출수방법에 따라 출수한다.

■■■ 다이빙 후

장비 해체/정리

짝과 함께 장비를 해체하고, 장비의 파손 및 분실을 방지하기 위해 해체한 장비를 한곳에 모아 정리한다.

반복 다이빙 계획 수립

스킨스쿠버 다이빙 전문강사의 브리핑과 조언을 바탕으로 다이브 테이블을 확인하고 짝과 함께 반복 다이빙 계획을 수립한다.

세척/건조

다이빙을 마치면 모든 다이빙 장비를 세척하고 건조시킨다.

9-3. 짝(Buddy)

다이빙 짝(Buddy)은 다이빙을 실시함에 있어 함께 활동하는 다이버를 뜻하며, 다이빙 목적이 동일하고, 다이빙 지식이나 실력이 비슷할수록 좋다.

짝의 필요성

다이빙 계획 수립

스킨스쿠버 다이빙 전문강사의 브리핑과 조언을 바탕으로 짝과 함께 서로 공감할 수 있는 다이빙 계획을 수립한다.

장비 착용시 도움

장비 착용시에 서로 도움을 주며, 서로의 장비를 점검하여 안전을 도모한다.

수중활동시 서로 도움

수중활동시에 서로의 공기잔량, 수심, 시간 등을 확인하고 수립한 계획대로 다이빙을 실시한다.

위험상황 발생시 서로 도움

만약 수중활동시에 엉킴이나 공기부족 등의 위험상황이 발생되었을 때에 서로에게 도움을 줄 수도 있다.

짝간의 거리/위치

짝과의 거리는 수심과 시야의 정도에 따라 다르지만, 두사람의 거리는 가까울수록 좋으며, 만약 시야가 매우 불량할 때는 짝줄(Buddy Line)을 사용하기도 한다. 짝과의 위치는 뒤따르거나, 상하로 다니는 것보다는 옆으로 나란히 하는 것이 좋다.

짝과 헤어졌을 때의 행동 절차

① 헤어진 수심에서 머무르면서 주위를 살펴 짝을 찾는다.
② 짝이 없으면 헤어진 수심보다 3~4m정도 상승하여, 짝의 모습이나 공기방울을 찾는다.
③ 1~2분정도 찾아보고 찾지 못했을 경우에는, 상승속도를 준수하면서 상승한다.
④ 수면에 도착하면 B.C에 공기를 주입하여 양성부력을 확보하고 수면에서 짝을 찾는다.
⑤ 수면에서 짝을 만나면 다이빙을 실시했던 수심과 공기잔량을 확인하여 다이빙의 재실시 여부를 판단한다.

10. 골치아프다고 하는 다이브 테이블 쉽게 배우기

10-1. 다이브 테이블의 사용

10-2. 체내에 질소의 축적

10-3. NAUI 다이브 테이블의 사용

10-4. PADI 다이브 테이블의 사용

10-5. SSI 다이브 테이블의 사용

10-1. 다이브 테이블의 사용

다이브 테이블은 교육단체에 따라 약간 상이한 수치와 시간을 나타내고 있으나, 모두가 안전하게 다이빙을 하도록 유도하는 지침서라고 볼 수 있다.

다이브 테이블은 단체에 따라 테이블의 형태, 사용 용어와 적용 방법이 조금씩 다르기 때문에, 스킨스쿠버 다이빙 전문강사의 조언과 교육을 통해 숙달하고 사용해야 한다.

10-2. 체내에 질소의 축적

다이버가 수중에서 호흡하는 공기는 폐를 통해 혈액에 용해되어 신체의 각 조직으로 운반된다. 공기중 20%를 차지하는 산소는 에너지로 소비되고, 80%를 차지하는 질소는 신체의 각 조직에 축적된다. 이 질소는 다이빙을 실시하는 수심이 깊을수록, 또는 다이빙 시간이 길수록, 그리고 수온이 차가울수록 많이 축적된다. 이렇게 축적된 질소는 상승을 하면서부터 호흡을 통해 서서히 체외로 배출된다. 만약 최대다이빙시간(무감압한계시간)을 초과하게 되면, 체내에 질소가 과다하게 축적되어 정상적인 상승속도를 준수하더라도, 질소가 적절히 배출되지 못하여 기포를 형성하거나, 또는 체내에 과다하게 축적되지 않았더라도 빠른 상승으로 급격하게 압력이 감소하면 체내의 질소가 기포를 형성하게 된다. 이 기포들이 혈관을 막거나 신체조직에 머물게 되면 심각한 장애를 초래하게 된다. 그러므로 안전한 다이빙을 위해서 최대 다이빙 시간(무감압 한계 시간)을 초과하여 다이빙을 하지 않고, 상승시에 상승속도(9m/분)를 준수하면서 천천히 상승해야 한다.

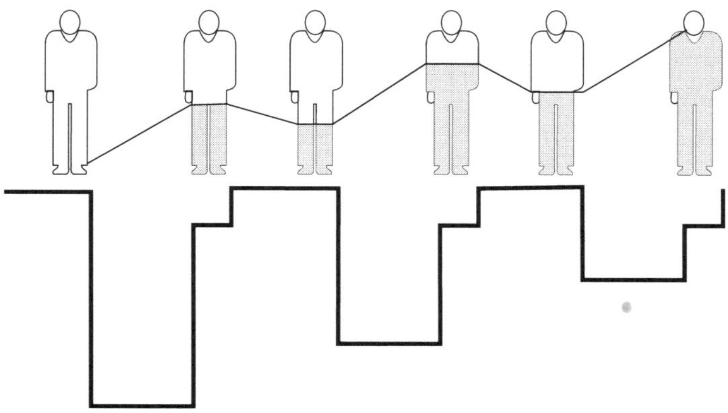

인체의 질소흡수량

NAUI

NAUI 다이브 테이블

테이블 1-잠수후 문자군

(00) 최대잠수시간 (MDT)
00 / 00 감압이 필요한 잠수시간 / 5미터(15피트)에서 정지시간(분)

M	FEET	A	B	C	D	E	F	G	H	I	J	K	L
12	40 ▸	5	15	25	30	40	50	70	80	100	110	(130)	150 / 5
15	50 ▸		10	15	25	30	40	50	60	70	(80)		100 / 5
18	60 ▸		10	15	20	25	30	40	50	(55)	60 / 5		80 / 7
21	70 ▸		5	10	15	20	30	35	40	(45)	50 / 5	60 / 5	70 / 14
24	80 ▸		5	10	15	20	25	30	(35)	40 / 5		50 / 10	60 / 17
27	90 ▸		5	10	12	15	20	(25)	30 / 5		40 / 7		50 / 18
30	100 ▸		5	7	10	15	20	(22)	25 / 5			40 / 15	
33	110 ▸			5	10	13	(15)	20 / 5			30 / 7		150 / 5
36	120 ▸			5	10	(12)	15 / 5			25 / 6	30 / 14		150 / 5
39	130 ▸			5	(8)	10 / 5					25 / 10		

RNT 잔류질소시간
+ADT 실제잠수시간
TNT 총잠수시간

테이블 2-수면휴식시간

NEW GROUP	A	B	C	D	E	F	G	H	I	J	K	L
A	24:00 0:10	24:00 3:21	24:00 4:49	24:00 5:49	24:00 6:35	24:00 7:06	24:00 7:36	24:00 8:00	24:00 8:22	24:00 8:51	24:00 8:59	24:00 9:13
B		3:20 0:10	4:48 0:40	5:48 2:39	6:34 3:25	7:05 3:58	7:35 4:26	7:59 4:50	8:21 5:11	8:50 5:41	8:58 5:49	9:12 6:03
C			0:39 0:10	2:38 1:10	3:24 1:58	3:57 2:29	4:25 2:59	4:49 3:21	5:12 3:44	5:40 4:03	5:48 4:20	6:02 4:36
D				1:09 0:10	1:57 0:55	2:28 1:30	2:58 2:00	3:20 2:24	3:43 2:45	4:02 3:05	4:19 3:22	4:35 3:37
E					0:54 0:10	1:29 0:46	1:59 1:16	2:23 1:42	2:44 2:03	3:04 2:21	3:21 2:39	3:36 2:54
F						0:45 0:10	1:15 0:41	1:41 1:07	2:02 1:30	2:20 1:48	2:38 2:04	2:53 2:20
G							0:40 0:10	1:06 0:37	1:29 1:00	1:47 1:20	2:03 1:36	2:19 1:50
H								0:36 0:10	0:59 0:34	1:19 0:55	1:35 1:12	1:49 1:26
I									0:33 0:10	0:54 0:32	1:11 0:50	1:25 1:05
J										0:31 0:10	0:49 0:29	1:04 0:46
K											0:28 0:10	0:45 0:27
L												0:26 0:10

테이블 3-재잠수

M FT.	12 40	15 50	18 60	21 70	24 80	27 90	30 100	33 110	36 120	39 130	NEW GROUP
	7 123	6 74	5 50	4 41	4 31	3 22	3 19	3 12	3 9	3 5	A
	17 113	13 67	11 44	9 36	8 27	7 18	7 15	6 9	6 6	6	B
	25 105	21 59	17 38	15 30	13 22	11 14	10 12	10 5	9	8	C
	37 93	29 51	24 31	20 25	18 17	16 9	14 8	13	12	11	D
	49 81	38 42	30 25	26 19	23 12	20 5	18 4	16	15	13	E
	61 69	47 33	36 19	30 14	28 7	24	22	20	18	16	F
	73 57	56 24	44 11	37 8	32	29	26	24	21	19	G
	87 43	66 14	52	43	38	33	30	27	25	22	H
	101 29	76 4	61	50	43	38	34	31	28	25	I
	116 14	87	70	57	48	43	38	AVOID REPETITVE DIVES OVER 100 FEET			J
	138	99	79	64	54	47					K
	161	111	88	72	61	53					L

00 RNT (잔류질소시간)
00 AMDT(조정최대잠수시간)

10-3. NAUI 다이브 테이블

용어/사용원칙

테이블 1 다이빙 후 문자군

테이블 2 수면휴식시간

테이블 3 반복다이빙시간

다이브 프로파일(Dive Profile)

다이브 테이블을 사용함에 있어서 혼란과 누락을 방지하기 위해 사용되는 다이빙 계획 도표를 뜻한다.

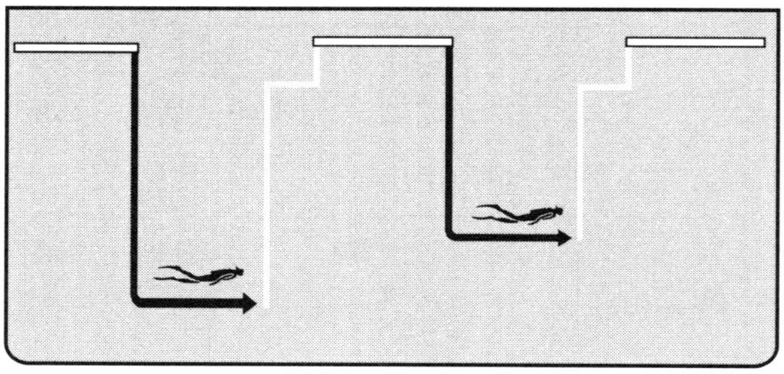

실제다이빙시간(ADT : Actual Dive Time)

하강을 시작하는 순간부터 상승 직전까지의 시간. 안전정지시간을 포함하지 않는다.

최대다이빙시간(MDT : Maximum Dive Time)

특정한 수심에서 필수감압정지를 하지 않고 최대로 머물 수 있는 시간을 뜻한다.

문자군(Letter Group)

다이빙 후, 다이버의 체내에 남아있는 잔류질소의 양을 영문자로 표시한 것을 뜻한다.

수면휴식시간(SIT : Surface Intervals Time)

다이빙활동 사이에 수면에서 휴식을 취한 시간을 뜻한다.

반복다이빙(Repetitive Dive)

첫 다이빙으로부터 24시간이내에 실시하는 모든 다이빙. 24시간이후의 다이빙은 다시 첫 다이빙으로 간주한다. 반복다이빙시 수심은 앞서 실시한 다이빙보다 얕은 수심이 되도록 계획을 세우고 30m를 넘지 않아야 한다.

잔류질소시간(RNT : Residual Nitrogen Time)

반복다이빙시 적용하는 것으로 수면휴식 후에 다이버의 체내에 남아 있는 잔류질소의 양을 시간으로 환산한 것을 뜻한다.

조정된 최대다이빙시간(AMDT : Adjusted Maximum Dive Time)

반복다이빙시 그 수심에서 머물 수 있는 최대허용시간으로 최대다이빙시간에서 잔류질소시간을 뺀 나머지 시간을 뜻한다.

총다이빙시간(TDT : Total Dive Time, TBT:Total Bottom Time)

반복다이빙 후, 해당수심의 잔류질소시간과 실제 다이빙시간의 합계시간을 뜻한다.

안전정지(Precautionary Decompression Stop)

최대다이빙시간을 초과하지 않았더라도 안전을 위해 5m이서 3분간 정지하는 것으로 모든 다이빙후에 실시하도록 권장하고 있다. 이 3분은 실제다이빙시간에 포함시키지 않는다.

필수감압정지(Required Decompression Stop)

최대다이빙시간을 초과한 경우에는 필수적으로 수심 5m에서 정지해야 하는 것으로, 정지시간은 다이빙을 실시한 수심이나 다이빙시간에 따라 다르게 나타난다. 감압정지수심은 다이버의 눈높이를 기준으로 한다.

상승속도

상승속도는 분당 9m를 초과하지 않도록 해야한다.

다이빙 수심과 시간 선택

모든 다이빙에서의 수심과 다이빙 시간은 정확하게 혹은 그보다 더 깊은 수심, 더 긴 다이빙 시간을 적용한다. 12m 이하의 다이빙은 12m로 간주한다.

춥거나 힘든 다이빙 실시

찬물 다이빙 또는 다이빙이 힘이 들 것으로 예상되는 상황이라면 다이빙 시간을 한 단계 높여 적용한다.

고도에서의 사용

다이브 테이블은 해발 305m(1000feet)이상의 고도에서는 사용할 수가 없다.

다이빙후 비행기 탑승

최대 다이빙시간 내에서 이루어진 다이빙 후, 최소한 12시간 이후에 비행기를 탑승하고, 필수감압정지가 필요한 다이빙을 했다면 최소한 24시간 이후에 비행기에 탑승한다.(안전정지는 필수감압정지가 아님)

사용연습

예제 1 수심 18m에서의 최대 다이빙가능시간과 그룹군은(55분, I그룹)

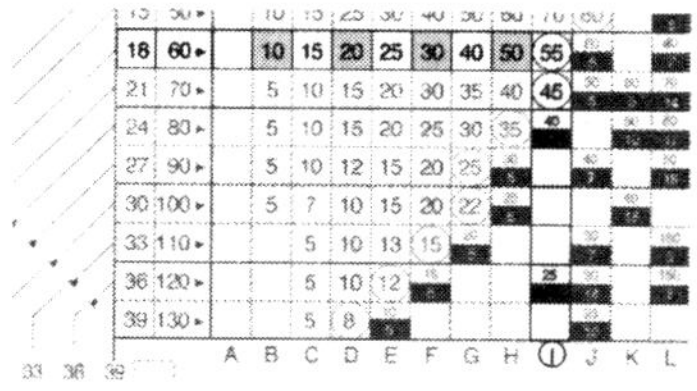

풀이) 테이블1의 18m에서 오른쪽으로 이동하여 최대다이빙시간 55분을 찾고, 55분을 기준으로 아래로 이동하여 I그룹을 확인한다.

예제 2 수심 18m에서의 30분간 다이빙을 실시했다면 그룹군은(F그룹)

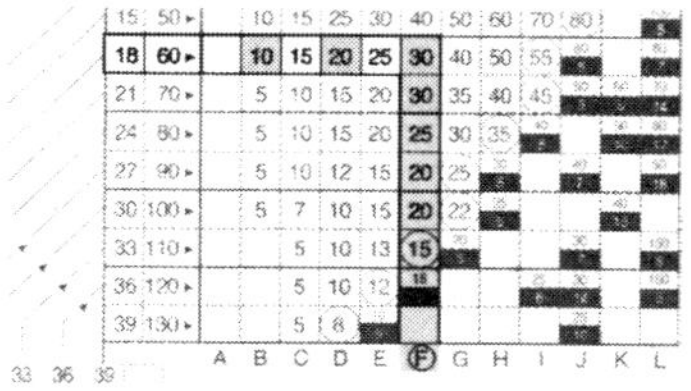

풀이) 테이블1의 18m의 오른쪽에서 30분을 찾고 30분을 기준으로 아래쪽에 있는 F그룹을 확인한다.

예제 3 수심 18m에서의 30분간 다이빙을 실시하고 수면 휴식시간을 2시간 실시한 후의 그룹군은(D그룹)

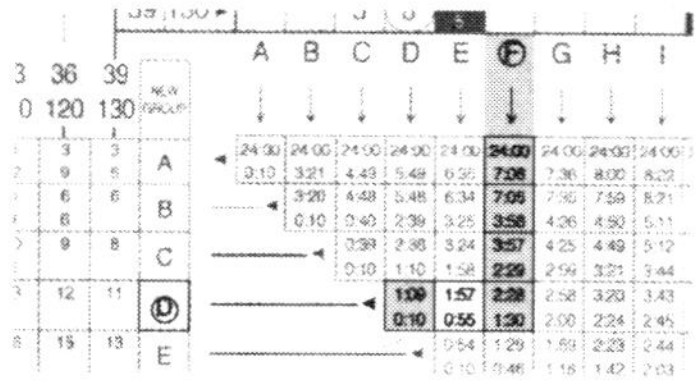

풀이) 테이블1의 F그룹에서 아래로 내려와 2시간이 해당하는 수면휴식시간을 기준으로 왼쪽으로 이동하여 D그룹을 확인한다.

예제 4 수면휴식시간 후에D그룹군이었다면 12m에서 잔류질소시간과 조정된 최대다이빙가능시간은(잔류질소시간 37분, 조정된 최대다이빙가능시간 93분)

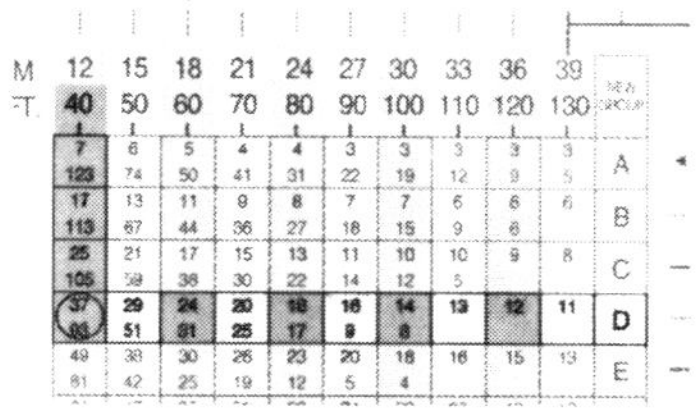

풀이) 테이블3상에서 12m를 기준으로 아래쪽으로 이동하고, D그룹군에서 왼쪽으로 이동하여 겹치는 곳의 수치를 확인한다.위에 위치한 수치는 잔류질소시간으로 37분, 아래의 수치는 조정된 최대다이빙가능시간으로 93분을 확인한다.

예제 5 수면휴식시간 후에D그룹군이었고 12m에서 35분간 반복다이빙을 실시한 후의 총 다이빙시간은(72분)

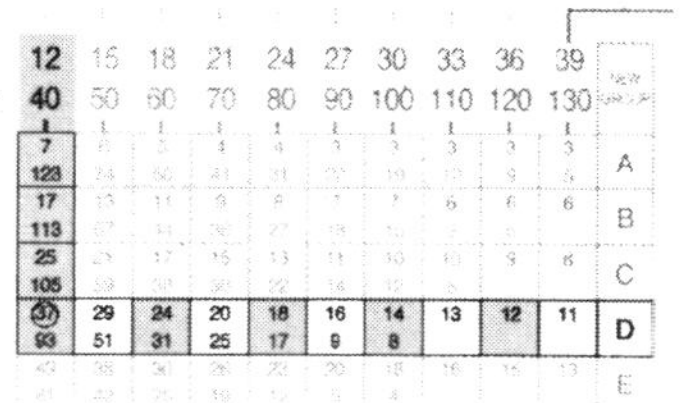

풀이) 테이블3상에서 12m의 잔류질소시간이 37분, 반복다이빙시 실제 다이빙시간 35분을 더한 72분이 총 다이빙 시간이다.

PADI
DISTRIBUTED BY
INTERNATIONAL PADI,INC.

PADI 다이브 테이블

레크리에이션 잠수 계획표 TM

DIVING SCIENCE & TECHNOLOGY CORP.

시작

43 무감압한계

안전 정지가 필요한 범위

표 1 무감압 한계와 압력군 결정표

압력군 \ 수심(미터)	10*	12	14	16	18	20	22	25	30	35	40	42
A	10	9	8	7	6	6	5	4	3	3	↓	↓
B	20	17	15	13	11	10	9	8	6	5	5	4
C	26	23	19	17	15	13	12	10	8	7	6	↓
D	30	26	22	19	16	15	13	11	9	8	↓	6
E	34	29	24	21	18	16	15	13	10	↓	7	7
F	37	32	27	23	20	18	16	14	11	9	8	8
G	41	35	29	25	22	20	18	15	12	10	9	
H	45	38	32	27	24	21	19	17	13	11		
I	50	42	35	29	26	23	21	18	14	12		
J	54	45	37	32	28	25	22	19	15	13		
K	59	49	40	34	30	26	24	21	16	14		
L	64	53	43	37	32	28	25	22	17			
M	70	57	47	39	34	30	27	23	19			
N*	75	62	50	42	36	32	29	25	20			
O	82	66	53	45	39	34	30	26				
P	88	71	57	48	41	36	32	28				
Q	95	76	61	50	43	38	34	29				
R	104	82	64	53	46	40	36					
S	112	88	68	56	48	42	37					
T	122	94	73	60	51	44						
U	133	101	77	63	53	45						
V	145	108	82	67	55							
W	160	116	87	70	56							
X	178	125	92	72								
Y	199	134	98									
Z	219	134										

표 2 수면 휴식시간 단위표

수면 휴식시간 시작

압력군	Z	Y	X	W	V	U	T	S	R	Q	P	O	N	M	L	K	J	I	H	G	F	E	D	C	B	A
A																										0:00 3:00
B																									0:00 0:47	0:48 3:48
C																								0:00 0:21	0:22 1:09	1:10 4:10
D																							0:00 0:08	0:09 0:30	0:31 1:18	1:19 4:19
E																						0:00 0:07	0:08 0:16	0:17 0:38	0:39 1:27	1:28 4:28
F																					0:00 0:07	0:08 0:15	0:16 0:24	0:25 0:46	0:47 1:34	1:35 4:35
G																				0:00 0:06	0:07 0:13	0:14 0:22	0:23 0:31	0:32 0:53	0:54 1:41	1:42 4:42
H																			0:00 0:05	0:06 0:12	0:13 0:20	0:21 0:28	0:29 0:37	0:38 0:59	1:00 1:47	1:48 4:48
I																		0:00 0:05	0:06 0:11	0:12 0:18	0:19 0:26	0:27 0:34	0:35 0:43	0:44 1:05	1:06 1:53	1:54 4:54
J																	0:00 0:05	0:06 0:11	0:12 0:17	0:18 0:24	0:25 0:31	0:32 0:40	0:41 0:49	0:50 1:11	1:12 1:59	2:00 5:00
K																0:00 0:04	0:05 0:10	0:11 0:16	0:17 0:22	0:23 0:29	0:30 0:37	0:38 0:45	0:46 0:54	0:55 1:16	1:17 2:04	2:05 5:05
L															0:00 0:04	0:05 0:09	0:10 0:15	0:16 0:21	0:22 0:27	0:28 0:34	0:35 0:42	0:43 0:50	0:51 0:59	1:00 1:21	1:22 2:09	2:10 5:10
M														0:00 0:04	0:05 0:09	0:10 0:14	0:15 0:19	0:20 0:25	0:26 0:32	0:33 0:39	0:40 0:46	0:47 0:55	0:56 1:04	1:05 1:25	1:26 2:14	2:15 5:15
N													0:00 0:03	0:04 0:08	0:09 0:13	0:14 0:18	0:19 0:24	0:25 0:30	0:31 0:36	0:37 0:43	0:44 0:51	0:52 0:59	1:00 1:08	1:09 1:30	1:31 2:18	2:19 5:19
O												0:00 0:03	0:04 0:08	0:09 0:12	0:13 0:17	0:18 0:23	0:24 0:28	0:29 0:34	0:35 0:41	0:42 0:47	0:48 0:55	0:56 1:03	1:04 1:12	1:13 1:34	1:35 2:23	2:24 5:24
P											0:00 0:03	0:04 0:07	0:08 0:12	0:13 0:16	0:17 0:21	0:22 0:27	0:28 0:32	0:33 0:38	0:39 0:45	0:46 0:51	0:52 0:59	1:00 1:07	1:08 1:16	1:17 1:38	1:39 2:27	2:28 5:28
Q										0:00 0:03	0:04 0:07	0:08 0:11	0:12 0:16	0:17 0:20	0:21 0:25	0:26 0:30	0:31 0:36	0:37 0:42	0:43 0:48	0:49 0:56	0:56 1:03	1:04 1:11	1:12 1:20	1:21 1:42	1:43 2:30	2:31 5:31
R									0:00 0:03	0:04 0:07	0:08 0:11	0:12 0:15	0:16 0:19	0:20 0:24	0:25 0:29	0:30 0:34	0:35 0:40	0:41 0:46	0:47 0:52	0:53 0:59	1:00 1:07	1:08 1:15	1:16 1:24	1:25 1:46	1:47 2:34	2:35 5:35
S								0:00 0:03	0:04 0:06	0:07 0:10	0:11 0:14	0:15 0:18	0:19 0:23	0:24 0:27	0:28 0:32	0:33 0:38	0:39 0:43	0:44 0:49	0:50 0:56	0:57 1:03	1:04 1:10	1:11 1:18	1:19 1:27	1:28 1:49	1:50 2:38	2:39 5:39
T							0:00 0:02	0:03 0:06	0:07 0:10	0:11 0:13	0:14 0:17	0:18 0:22	0:23 0:26	0:27 0:31	0:32 0:36	0:37 0:41	0:42 0:47	0:48 0:53	0:54 0:59	1:00 1:06	1:07 1:13	1:14 1:22	1:23 1:31	1:32 1:53	1:54 2:41	2:42 5:42
U						0:00 0:02	0:03 0:06	0:07 0:09	0:10 0:13	0:14 0:17	0:18 0:21	0:22 0:25	0:26 0:29	0:30 0:34	0:35 0:39	0:40 0:44	0:45 0:50	0:51 0:56	0:57 1:02	1:03 1:09	1:10 1:17	1:18 1:25	1:26 1:34	1:35 1:56	1:57 2:44	2:45 5:45
V					0:00 0:02	0:03 0:05	0:06 0:09	0:10 0:12	0:13 0:16	0:17 0:20	0:21 0:24	0:25 0:28	0:29 0:33	0:34 0:37	0:38 0:42	0:43 0:47	0:48 0:53	0:54 0:59	1:00 1:06	1:06 1:12	1:13 1:20	1:21 1:28	1:29 1:37	1:38 1:59	2:00 2:47	2:48 5:48
W				0:00 0:02	0:03 0:05	0:06 0:08	0:09 0:12	0:13 0:15	0:16 0:19	0:20 0:23	0:24 0:27	0:28 0:31	0:32 0:36	0:37 0:40	0:41 0:45	0:46 0:50	0:51 0:56	0:57 1:02	1:03 1:08	1:09 1:15	1:16 1:23	1:24 1:31	1:32 1:40	1:41 2:02	2:03 2:50	2:51 5:51
X			0:00 0:02	0:03 0:05	0:06 0:08	0:09 0:11	0:12 0:15	0:16 0:18	0:19 0:22	0:23 0:26	0:27 0:30	0:31 0:34	0:35 0:39	0:40 0:43	0:44 0:48	0:49 0:53	0:54 0:59	1:00 1:05	1:06 1:11	1:12 1:18	1:19 1:26	1:27 1:34	1:35 1:43	1:44 2:05	2:06 2:53	2:54 5:54
Y		0:00 0:02	0:03 0:05	0:06 0:08	0:09 0:11	0:12 0:14	0:15 0:18	0:19 0:21	0:22 0:25	0:26 0:29	0:30 0:33	0:34 0:37	0:38 0:41	0:42 0:46	0:47 0:51	0:52 0:56	0:57 1:02	1:03 1:08	1:09 1:14	1:15 1:21	1:22 1:29	1:30 1:37	1:38 1:46	1:47 2:08	2:09 2:56	2:57 5:57
Z	0:00 0:02	0:03 0:05	0:06 0:08	0:09 0:11	0:12 0:14	0:15 0:17	0:18 0:20	0:21 0:24	0:25 0:28	0:29 0:31	0:32 0:35	0:36 0:40	0:41 0:44	0:45 0:49	0:50 0:54	0:55 0:59	1:00 1:05	1:06 1:11	1:12 1:17	1:18 1:24	1:25 1:31	1:32 1:40	1:41 1:49	1:50 2:11	2:12 2:59	3:00 6:00

수면 휴식 시간 후의 압력군

수심(미터)	Z	Y	X	W	V	U	T	S	R	Q	P	O	N	M	L	K	J	I	H	G	F	E	D	C	B	A
10	219	199 **20**	178 **41**	160 **59**	145 **74**	133 **86**	122 **97**	112 **107**	104 **115**	95 **124**	88 **131**	82 **137**	75 **144**	70 **149**	64 **155**	59 **160**	54 **165**	50 **169**	45 **174**	41 **178**	37 **182**	34 **185**	30 **189**	26 **193**	20 **199**	10 **209**
12	147	134 **13**	125 **22**	116 **31**	108 **39**	101 **46**	94 **53**	88 **59**	82 **65**	76 **71**	71 **76**	65 **81**	62 **85**	57 **90**	53 **94**	49 **98**	45 **102**	42 **105**	38 **109**	35 **112**	32 **115**	29 **118**	26 **121**	23 **124**	17 **130**	9 **138**
14		98	92 **6**	87 **11**	82 **16**	77 **21**	73 **25**	68 **30**	64 **34**	61 **37**	57 **41**	53 **45**	50 **48**	47 **51**	43 **55**	40 **58**	37 **61**	35 **63**	32 **66**	29 **69**	27 **71**	24 **74**	22 **76**	19 **79**	15 **83**	8 **90**
16			72	70 **2**	67 **5**	63 **9**	60 **12**	56 **16**	53 **19**	50 **22**	48 **24**	45 **27**	42 **30**	39 **33**	37 **35**	34 **38**	32 **40**	29 **43**	27 **45**	25 **47**	23 **49**	21 **51**	19 **53**	17 **55**	13 **59**	7 **65**
18				56	55	53 **3**	51 **5**	48 **8**	46 **10**	43 **13**	41 **15**	39 **17**	36 **20**	34 **22**	32 **24**	30 **26**	28 **28**	26 **30**	24 **32**	22 **34**	20 **36**	18 **38**	16 **40**	15 **41**	11 **45**	6 **50**
20						45	44	42 **3**	40 **5**	38 **7**	36 **9**	34 **11**	32 **13**	30 **15**	28 **17**	26 **19**	25 **20**	23 **22**	21 **24**	20 **25**	18 **27**	16 **29**	15 **30**	13 **32**	10 **35**	6 **39**
22								37	36	34 **3**	32 **5**	30 **7**	29 **9**	27 **10**	25 **12**	24 **13**	22 **15**	21 **16**	19 **18**	18 **19**	16 **21**	15 **22**	13 **24**	12 **25**	9 **28**	5 **32**
25										29	28	26 **3**	25 **4**	23 **6**	22 **7**	21 **8**	19 **10**	18 **11**	17 **12**	15 **14**	14 **15**	13 **16**	11 **18**	10 **19**	8 **21**	4 **25**
30													20	19	17 **3**	16 **4**	15 **5**	14 **6**	13 **7**	12 **8**	11 **9**	10 **10**	9 **11**	8 **12**	6 **14**	3 **17**
35																14	13	12	11 **3**	10 **4**	9 **5**	9 **5**	8 **6**	7 **7**	5 **9**	3 **11**
40																				9	8	7	7	6	5 **4**	2 **7**

표 1로 돌아가시오

표 3재 잠수 시간표

10-4. PADI 다이브 테이블

용어/사용원칙

테이블 1 무감압한계와 압력군 결정표

테이블 2 수면 휴식시간 단위표

테이블 3 반복 다이빙 시간표

다이브 프로파일(Dive Profile)

다이브 테이블을 사용함에 있어서 혼란과 누락을 방지하기 위해 사용되는 다이빙 계획 도표를 뜻한다.

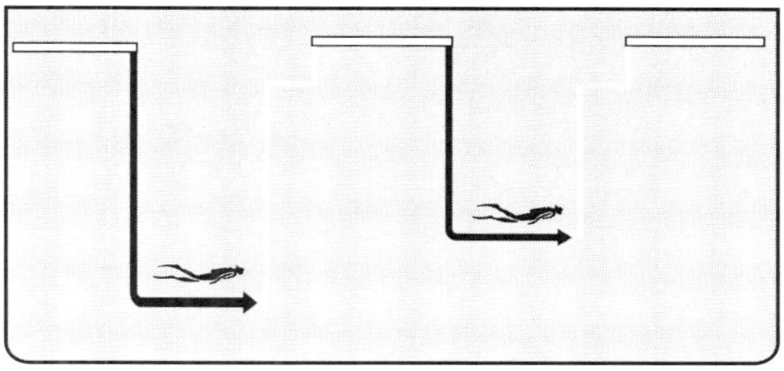

실제다이빙시간(ABT : Actual Bottem Time)

하강을 시작하는 순간부터 상승 직전까의 시간, 안전정지시간을 포함하지 않는다.

무감압한계시간(No-Decompression Limit Time)

특정한 수심에서 비상감압을 하지 않고 다이빙할 수 있는 최대 허용시간을 뜻한다.

압력군(Letter Group)

다이빙 후 다이버의 체내에 남아있는 잔류 질소의 양을 영문자로 표시한 것을 뜻한다.

수면휴식시간(SIT : Surface Intervals Time)

첫 다이빙을 끝낸 시간부터 다시 다이빙을 시작하기 전까지의 휴식 시간을 뜻한다.

반복다이빙(Repetitive Dive)

첫 다이빙 후, 6시간 이내에 다시 실시하는 다이빙을 뜻하며, 6시간 이후의 다이빙은 다시 첫 다이빙으로 간주한다.

잔류질소시간(RNT : Residual Nitrogen Time)

반복다이빙시 적용하는 것으로 수면휴식 후, 다이버의 체내에 남아 있는 잔류질소의 양을 시간으로 환산한 것을 뜻한다.

수정 무감압한계 시간(Adjusted No-Decompression Limit Time)

반복다이빙시 그 수심에서 머물 수 있는 최대허용시간으로 무감압한계시간에서 잔류질소시간을 뺀 나머지 시간을 뜻한다.

총다이빙시간(TBT : Total Bottom Time)

반복다이빙 후 해당수심의 잔류질소시간과 실제다이빙시간의 합계시간을 뜻한다.

안전정지(Safty Stop)

다이버가 무감압한계로부터 3압력군 이내에 속하는 다이빙을 하고 나오거나, 30m 이상 수심으로 다이빙을 한 경우에는 언제나 수심 5m에서 3분간의 안전정지를 실시한다.

비상감압

무감압한계시간을 5분 이내로 초과한 경우에는 수심 5m에서 8분간 감압정지를 의무적으로 해주어야 한다. 8분간의 비상감압을 실시한 후에는 최소한 6시간이 경과한 다음 다이빙을 시작해야 한다. 만약 무감압한계를 5분 이상 초과한 경우에는 수심 5m에서 15분간 감압정지를 해야 한다. 15분간의 비상감압을 실시한 후에는 최소한 24시간이 경과한 다음 다이빙을 시작해야 한다.

상승속도

상승속도는 분당 18m를 초과하지 않도록 천천히 상승해야 한다.

다이빙수심과 시간선택

모든 다이빙에서의 수심과 다이빙시간은 정확하게 혹은 그보다 더 깊은 수심, 더 긴 다이빙시간을 적용한다.

10m보다 얕은 곳에서 다이빙을 할 계획을 세운 경우에는 반드시 10m 다이빙으로 간주한다.

춥거나 힘든 다이빙 실시

실시 찬물에서 다이빙을 하거나 다이빙이 힘들것으로 예상되는 상황이라면 실제 다이빙 수심보다 4m 더 깊은 수심을 가정하여 계획을 수립한다.

고도에서의 사용

다이브 테이블은 해발 300m이상의 고도에서는 사용할 수가 없다.

반복다이빙시 주의사항

반복 다이빙시 실시하는 다이빙 수심은 앞서 실시한 다이빙보다 매번 더 얕아지도록 계획을 세워야 한다. 반복다이빙시의 수심은 30m를 넘지 않아야 한다.

다이빙후 비행기 탑승

수일동안 매일 복합적인 다이빙 혹은 비상감압이 요구되는 다이빙을 계획할 경우, 비행 전 12시간을 초과하여 기다리는 특별한 예방책을 강구해야 한다.

사용연습

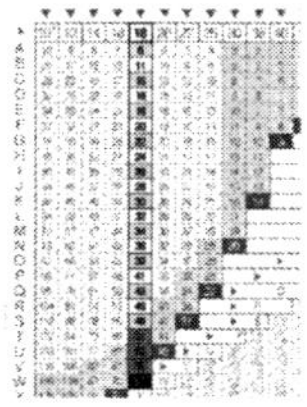

예제 1 수심 18m에서의 무감압한계시간과 압력군은(56분, W압력군)

풀이) 테이블1의 18m에서 아래쪽으로 이동하여 무감압한계시간 56분을 찾고, 56분을 기준으로 오른쪽으로 이동하여 W압력군을 확인한다.

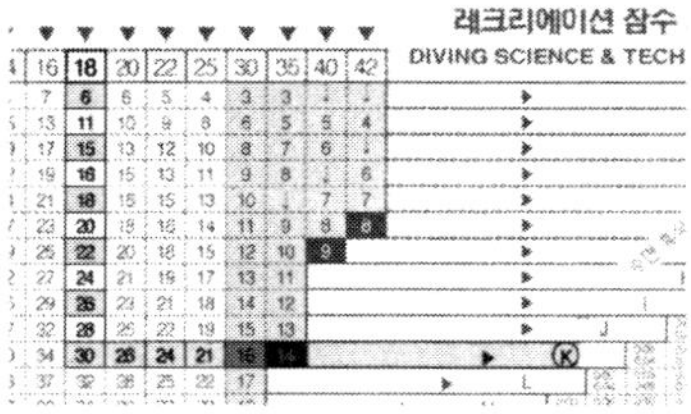

예제 2 수심 18m에서의 30분간 다이빙을 실시했다면 압력군은 (K압력군)

풀이) 테이블1의 18m의 아래쪽에서 30분을 찾고 30분을 기준으로 오른쪽에 있는 K압력군을 확인한다.

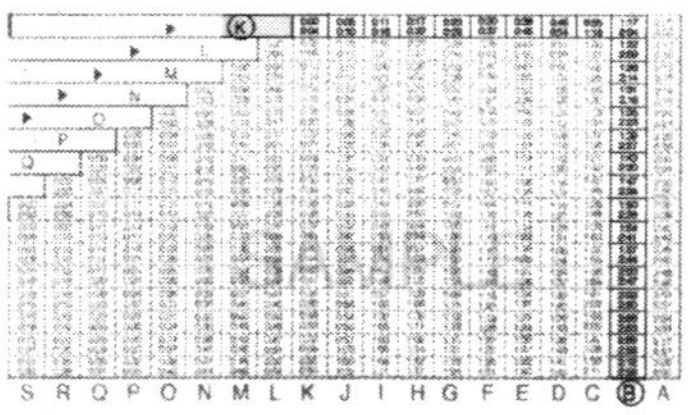

예제 3 수심 18m에서의 30분간 다이빙을 실시하고 수면휴식시간을 2시간 한 후의 압력군은(B압력군)

풀이) 테이블1의 K압력군에서 오른쪽에 있는 수면휴식시간 단위표에 2시간이 해당하는 수면휴식시간을 기준으로, 아래쪽으로 이동하여 B압력군을 확인한다.

예제 4 수면휴식시간 후에 B압력군이었다면 12m에서 잔류질소시간과 수정 무감압 한계시간은(잔류질소시간 17분, 수정 무감압 한계시간 130분)

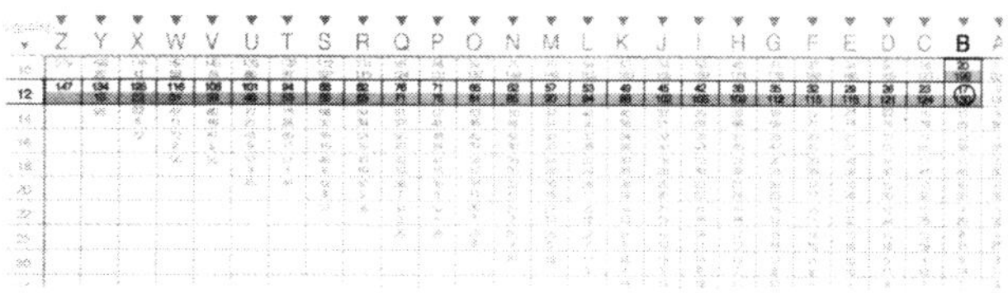

풀이) 테이블3상에서 12m를 기준으로 오른쪽으로 이동하고, B압력군에서 아래쪽으로 이동하여 겹치는 곳의 수치를 확인한다. 위에 위치한 수치는 잔류질소시간으로 17분, 아래의 수치는 수정 무감압한계 시간으로 130분을 확인한다.

예제 5 수면휴식시간 후에 B압력군이었고 12m에서 35분간 반복다이빙을 실시한 후의 총 다이빙시간은(52분)

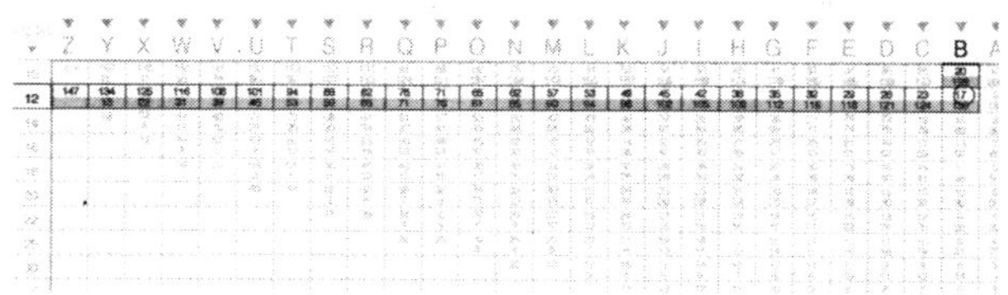

풀이) 테이블3상에서 12m의 잔류질소시간이 17분, 반복다이빙시 실제다이빙시간 35분을 더한 52분이 총 다이빙시간이다.

SSI 다이브 테이블

DOPPLER NO-DECOMPRESSION LIMITS
BASED ON U.S.NAVY DIVE TABLES

SCUBA SCHOOLS INTERNATIONAL SSI

TABLE 1 No-Decompression Limits and Repetitive Group Designation Table For No-Decompression Air Dives

테이블1의 사용법 : 테이블1의 맨왼쪽에서 계획한 잠수 수심을 찾고, 그 수심에서 잠수하고자 하는 시간(분)을 찾아 오른쪽의 칸으로 간다. 그 예정시간에서 밑으로 내려가 반복그룹 기호를 읽는다.

수심 feet	수심 meters	도플러 무감압 한계시간(분)											
10	3.0		60	120	210	300							
15	4.5		35	70	110	160	225	350					
20	6.0		25	50	75	100	135	180	240	325			
25	7.5	245	20	35	55	75	100	125	160	195	245		
30	9.0	205	15	30	45	60	75	95	120	145	170	205	
35	10.5	160	5	15	25	40	50	60	80	100	120	140	160
40	12.0	130	5	15	25	30	40	50	70	80	100	110	130
50	15.0	70		10	15	25	30	40	50	60	70		
60	18.0	50		10	15	20	25	30	40	50			
70	21.0	40		5	10	15	20	30	35	40			
80	24.0	30		5	10	15	20	25	30				
90	27.0	25		5	10	12	15	20	25				
100	30.0	20		5	7	10	15	20					
110	33.0	15			5	10	13	15					
120	36.0	10			5	10							
130	39.0	5			5								
		그룹기호 ▶▶	A	C	B	D	E	F	G	H	I	J	K

테이블 2의 사용법 : 테이블1의 반복그룹 기호에서 아래로 내려가 연결되는 테이블2의 기호를 찾는다. 이 기호의 왼편에는 시간을 나타내는 숫자들이 나열되어 있다. 이 숫자들 중에서 수면 휴식시간을 찾는다. 그리고 나서 밑으로 내려가 신반복 그룹 기호를 본다. 12시간 이상의 수면휴식 후에 행해지는 다이빙은 반복 잠수에 해당되지 않는다.

TABLE 2 Residual Nitrogen Timetable For Repetitive Air Dives

SAMPLE

수면 휴식 개시 때의 반복그룹

0:10 12:00*											A
3:21 12:00*	0:10 3:20										B
4:50 12:00*	1:40 4:49	0:10 1:39									C
5:49 12:00*	2:39 5:48	1:10 2:38	0:10 1:09								D
6:35 12:00*	3:25 6:34	1:58 3:24	0:55 1:57	0:10 0:54							E
7:06 12:00*	3:58 7:05	2:29 3:57	1:30 2:28	0:46 1:29	0:10 0:45						F
7:36 12:00*	4:26 7:35	2:59 4:25	2:00 2:58	1:16 1:59	0:41 1:15	0:10 0:40					G
8:00 12:00*	4:50 7:59	3:21 4:49	2:24 3:20	1:42 2:23	1:07 1:41	0:37 1:06	0:10 0:36				H
8:22 12:00*	5:13 8:21	3:44 5:12	2:45 3:43	2:03 2:44	1:30 2:02	1:00 1:29	0:34 0:59	0:10 0:33			I
8:51 12:00*	5:41 8:50	4:03 5:40	3:05 4:02	2:21 3:04	1:48 2:20	1:20 1:47	0:55 1:19	0:32 0:54	0:10 0:31		J
8:59 12:00*	5:49 8:58	4:20 5:48	3:22 4:19	2:39 3:21	2:04 2:38	1:36 2:03	1:12 1:35	0:50 1:11	0:29 0:49	0:10 0:28	K
신그룹 기호 ▶ A	B	C	D	E	F	G	H	I	J	K	

반복잠수 ▼

▼잔류 질소 시간은 다음면에 계속 됨▼

TABLE 3 Residual Nitrogen Times(Minutes)

조정된 무감압 한계시간

N/L = NO LIMIT(한계 없음)

신그룹기호 / 반복잠수수심 feet	meters	A	B	C	D	E	F	G	H	I	J	K
10	3	39 N/L	88 N/L	159 N/L	279 N/L							
20	6	18 N/L	39 N/L	62 N/L	88 N/L	120 N/L	159 N/L	208 N/L	279 N/L	399 N/L		
30	9	12 193	25 180	39 166	54 151	70 135	86 117	109 96	132 73	159 46	190 15	
40	12	7 123	17 113	25 105	37 93	49 81	61 69	73 57	87 43	101 29	116 14	
50	15	6 64	13 57	21 49	29 41	38 32	47 23	56 14	66 4			
60	18	5 45	11 39	17 33	24 26	30 20	36 14	44 6				
70	21	4 36	9 31	15 25	20 20	26 14	31 9	37 3				
80	24	4 26	8 22	13 17	18 12	23 7	28 2					
90	27	3 22	7 18	11 14	16 9	20 5	24 1					
100	30	3 17	7 13	10 10	14 6	18 2						
110	33	3 12	6 9	10 5	13 2							
120	36	3 7	6 4	9 1								
130	39	3 2										

테이블 3의 사용법 : 테이블2의 신반복 그룹 기호와 테이블3의 왼쪽에서 계획하고 있는 반복잠수 수심을 찾아 이 두 가지가 교차되는 지점을 찾는다. 이 곳에 표시되는 두 가지의 숫자 중 위의 것을 잔류질소 시간을 나타내고 아래의 숫자는 다음의 다이빙을 위한 최대의 무감압 한계시간을 나타낸다.

10-5. SSI 다이브 테이블

■■■ 용어/사용원칙

테이블 1 무감압한계시간

테이블 2 수면휴식시간

테이블 3 잔류질소시간

다이브 프로파일(Dive Profile)

다이브 테이블을 사용함에 있어서 혼란과 누락을 방지하기 위해 사용되는 다이빙 계획 도표를 뜻한다.

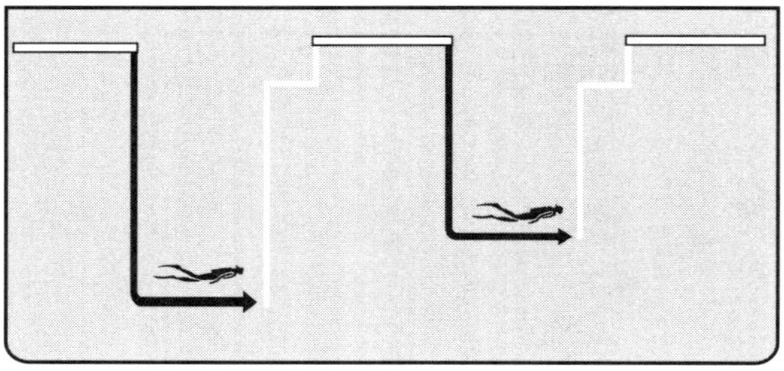

실제다이빙시간(ADT : Actual Dive Time)

하강을 시작하는 순간부터 상승 직전까지의 시간. 안전정지시간을 포함하지 않는다.

무감압한계시간(MDT : Maximum Dive Time)

특정한 수심에서 감압정지를 하지 않고 최대로 머물 수 있는 시간을 뜻한다.

문자군(Letter Group)

다이빙 후, 다이버의 체내에 남아있는 잔류질소의 양을 영문자로 표시한 것을 뜻한다.

수면휴식시간(SIT:Surface Intervals Time)

다이빙활동 사이에 수면에서 휴식을 취한 시간을 뜻한다.

반복다이빙(Repetitive Dive)

첫 다이빙으로부터 12시간 이내에 실시하는 모든 다이빙. 12시간 이후의 다이빙은 다시 첫 다이빙으로 간주한다.

잔류질소시간(RNT : Residual Nitrogen Time)

반복다이빙시 적용하는 것으로 수면휴식 후에 다이버의 체내에 남아 있는 잔류질소의 양을 시간으로 환산한 것을 뜻한다.

조정된 무감압한계시간(AMDT : Adjusted Maximum Dive Time)

반복다이빙시 그 수심에서 머물 수 있는 최대허용시간으로 무감압한계시간에서 잔류질소시간을 뺀 나머지 시간을 뜻한다.

총다이빙시간(TDT : Total Dive Time, TBT:Total Bottom Time)

반복다이빙 후, 해당수심의 잔류질소시간과 실제다이빙시간의 합계시간을 뜻한다.

안전정지(Safety Stop)

수심 9미터가 넘는 모든 다이빙에서는 5미터에서 3~5분간의 안전정지를 반드시 해야 한다.

생략된 감압절차

어떤 다이빙에서 5분 이하로 도플라 무감압한계시간을 초과했다면 수심 5미터의 지점까지 상승하여 최소한 10분간이나 그 이상동안 정지할 것이 권장된다. 또한 5분에서 10분 이하로 도플라 무감압한계시간을 초과하였다면 5미터 수심에서 최소한 20분간이나 혹은 그 이상 동안(당신의 잔압이 허락한다면) 안정정지할 것이 권장된다. 그리고 최소한 24시간등안은 그 이상의 어떤 다이빙 활동도 하지 않아야 한다.

상승속도

상승속도는 분당 9m를 초과하지 않도록 천천히 상승해야 한다.

수심과 시간선택

모든 다이빙에서의 수심과 다이빙시간은 정확하게 혹은 그보다 더 깊은 수심, 더 긴 시간을 적용한다. 7.5m 이하의 다이빙은 7.5m로 간주한다.

춥거나 힘든 다이빙 실시

찬물에서 다이빙하거나, 다이빙이 힘이 들 것으로 예상되는 상황이라면 다이빙 시간을 한 단계 높여 적용한다.

고도에서의 사용

다이브 테이블은 해발 305m(1000feet)이상의 고도에서는 사용할 수가 없다.

다이빙후 비행기 탑승

무감압한계내에 다이빙 후, 최소한 12시간 이후에 비행기를 탑승하고, 감압정지가 필요한 다이빙을 했다면 최소한 24시간 이후에 비행기에 탑승 한다. (안전정지는 감압정지가 아님)

사용연습

예제 1 수심 18m에서의 무감압한계시간과 그룹군은(50분, H그룹)

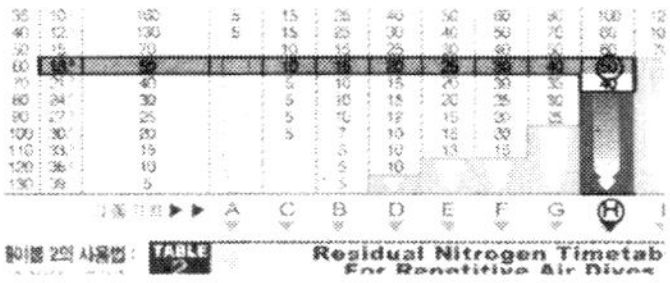

풀이) 테이블1의 18m에서 오른쪽으로 이동하여 무감압한계시간 50분을 찾고, 50분을 기준으로 아래로 이동하여 H그룹을 확인한다.

예제 2 수심 18m에서의 30분간 다이빙을 실시했다면 그룹군은(F그룹)

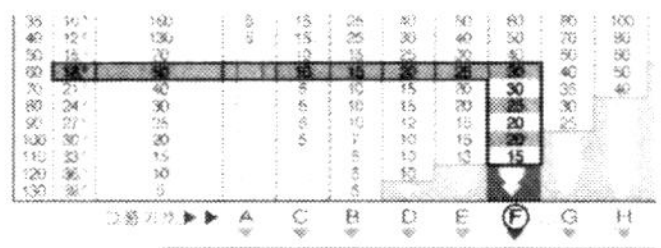

풀이) 테이블1의 18m의 오른쪽에서 30분을 찾고 30분을 기준으로 아래쪽에 있는 F그룹을 확인한다.

예제 3 수심 18m에서의 30분간 다이빙을 실시하고 수면휴식시간을 2시간 실시한 후의 그룹군은(D그룹)

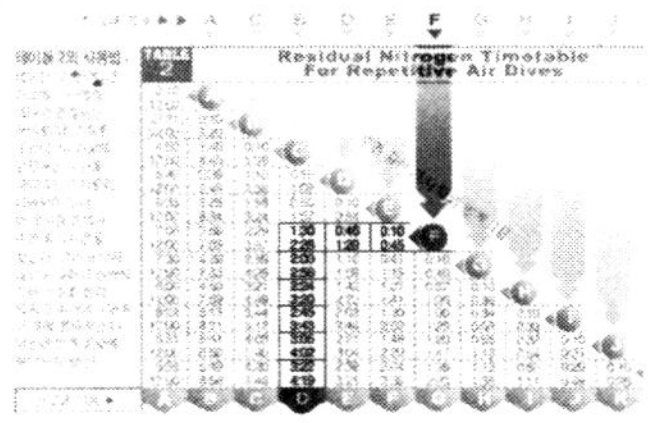

풀이) 테이블1의 F그룹에서 아래쪽으로 이동하여 2시간에 해당하는 수면휴식시간을 기준으로 아래쪽으로 이동하여 D그룹을 확인한다.

예제 4 수면휴식시간 후에 D그룹군이었다면 12m에서 잔류질소시간과 조정된 무감압한계시간은(잔류질소시간 37분, 조정된 무감압한계시간 93분)

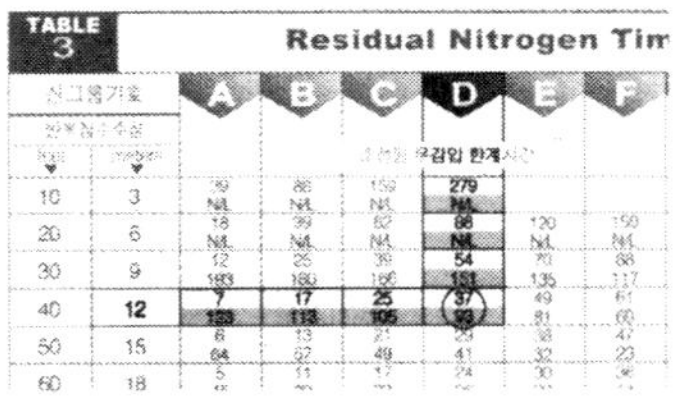

풀이) 테이블3에서 12m를 기준으로 오른쪽으로 이동하고, D그룹군에서 아래쪽으로 이동하여 겹치는 곳의 수치를 확인한다. 위에 위치한 수치는 잔류질소시간으로 37분, 아래의 수치는 조정된 무감압한계시간으로 93분을 확인한다.

예제 5 수면휴식시간 후에 D그룹군이었고 12m에서 35분 간 반복다이빙을 실시한 후의 총 다이빙시간은(72분)

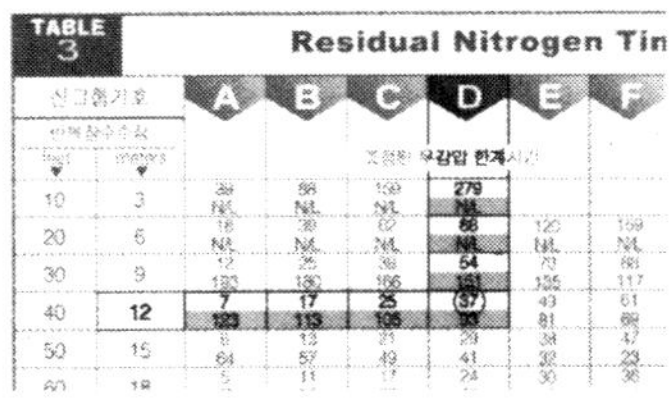

풀이) 테이블3에서 12m의 잔류질소시간이 37분, 반복다이빙시 실제 다이빙시간 35분을 더한 72분이 총 다이빙시간이다.

11. 부록

11-1. 다이버의 안전수칙
11-2. 다이버의 매너
11-3. 장비목록표
11-4. 도량환산표
11-5. Dive Log
11-6. 재압치료시설
11-7. 참고문헌

11-1. 다이버의 안전수칙

1. 공인된 스킨스쿠버 다이빙 전문강사로부터 충분한 교육을 받는다.
2. 스킨스쿠버 다이빙 장비는 전문강사의 조언을 통해 자신에게 적절한 것을 선택한다.
3. 스쿠버 다이빙시 절대로 숨을 멈추거나 참지 않고 정상적인 호흡을 실시한다.
4. 매번 다이빙시 상승속도를 준수하고, 안전정지(5m에서 3~5분)를 실시한다.
5. 무감압한계시간 내에서만 다이빙을 실시한다.
6. 압력평형은 하강과 동시에 시작하며, 약하게 짧게 자주 실시하는 것이 효율적이다.
7. 육체적, 심리적인 상태가 좋을 때만 스킨스쿠버 다이빙을 실시한다.
8. 감기가 걸렸거나 약을 복용한 상태에서는 스킨스쿠버 다이빙을 실시하지 않는다.
9. 다이빙 조건이 좋지 않을 경우에는 스킨스쿠버 다이빙을 실시하지 않는다.
10. 다이빙 전에 스킨스쿠버 다이빙 전문강사의 브리핑과 조언을 바탕으로 짝과 함께 계획을 수립한다.
11. 스킨스쿠버 다이빙은 수립한 계획대로 실시하며, 항상 짝과 헤어지지 않도록 해야 한다.
12. 스킨스쿠버 다이빙 중에 수시로 잔압계를 확인하여 공기가 떨어지는 일이 발생되지 않도록 한다.
13. 스킨스쿠버 다이빙 중에 수중에 있는 생물은 함부로 건드리지 않는다.
14. 스킨스쿠버 다이빙 후에는 전반적인 사항을 로그북(Dive Log)에 기록한다.
15. 자격이 없는 사람에게 스킨스쿠버 다이빙 장비를 빌려주지 말고, 스킨스쿠버 다이빙 전문강사가 아니면 스킨스쿠버 다이빙을 가르치지 않는다.
16. 항상 건강을 유지하고 기술숙달과 발전을 위해 꾸준히 노력하는 것이 안전하고 즐거운 다이빙의 지름길이다.

11-2. 다이버의 매너

1. 자연환경을 오염 또는 훼손시키지 않는다.
   - 쓰레기를 버리지 않는다.
   - 스킨스쿠버 다이빙시에 수중생물을 마구 잡거나 손상시키지 않는다.

2. 타인에게 폐를 끼치지 않는다.
   - 정해진 장소에 주차하고, 스킨스쿠버 다이빙 장비를 준비한다.
   - 스킨스쿠버 다이빙을 실시하는 동안, 다른 다이버에게 폐가 되는 행동을 하지 않는다.
   - 스킨스쿠버 다이빙을 실시하는 동안, 어민에게 피해를 주는 행동을 하지 않는다.
   - 낚시하는 사람에게 방해가 되지 않도록 한다.
   - 스킨스쿠버 다이빙 지역의 규율이나 관습에 위배되는 행동을 하지 않는다.

11-3. 장비목록표

구분	장비 꾸리는 순서	장비목록		비고
스킨 스쿠버 다이빙 장비	1	기어 백(Gear Bag)		
	2	핀(Fin)		
	3	B.C		
	4	레귤레이터 셋	레귤레이터	
			옥토퍼스	
			잔압계	
			얼러트(수중)	
			얼러트(수면)	
	5	마스크		
	6	스노클		
	7	부츠		
	8	다이빙 슈트(상의)		
	9	다이빙 슈트(하의)		
	10	후드		
	11	글러브		
	12	다이빙 소세지		
	13	다이빙 나이프		
	14	다이빙 라이트		
	15	메모판		
	16	웨이트	민물 다이빙	kg
			바다 다이빙	kg
	17			
	18			
	19			
	20			
개인준비물	1	휴대가방		
	2	수영복		
	3	세면도구		
	4	여벌의 의류		
	5	여벌의 신발		
	6	선글라스		
	7	모자		
	8	자외선 차단제		
	9	C-Card		
	10	로그북		
	11	여권(해외여행시)		
	12			
	13			
	14			
	15			

11-4. 도량환산표

길이

1 inch= 2.54 cm

1 feet=30.48 cm

1 yard=91 cm

1 mile= 1,609 m

1 nautical mile(해리) = 1,853 m

압력

1 ㎏/㎠ = 14.2 PSI

1 atm= 14.7 PSI

1 atm= 1.033 ㎏/㎠

1 atm= 1.013 bar

3,000 PSI = 211㎏/㎠

3,000 PSI = 207 bar

무게

1 pound = 0.454 ㎏

1 ㎏ = 2.205 pound

온도

°F = 9/5℃ + 32

11-5. Dive Log

<table>
<tr><td>다이빙일시
DATE</td><td colspan="2">년 월 일 요일</td><td>짝
BUDDY</td><td></td></tr>
<tr><td>다이빙장소
LOCATION</td><td colspan="2"></td><td>포인트 명
POINT NAME</td><td></td></tr>
<tr><td>다이빙 목적
PURPOSE</td><td colspan="2"></td><td>비고
REMARK</td><td></td></tr>
<tr><td rowspan="5">다이빙 환경</td><td>수역</td><td colspan="3">ㅁ해수ㅁ담수</td></tr>
<tr><td>날씨</td><td colspan="3"></td></tr>
<tr><td>온도</td><td colspan="3">수면 ℃ 수중 ℃</td></tr>
<tr><td>수면</td><td colspan="3">ㅁ잔잔함 ㅁ낮음 ㅁ높음</td></tr>
<tr><td>조류</td><td colspan="3">ㅁ약함 ㅁ보통 ㅁ강함</td></tr>
<tr><td colspan="5">다이빙시작시간(IN)
(:)
다이빙완료시간(OUT)
(:)
안전정지
5m 3 ~ 5분
최고수심(MAX DEPTH)(M)
실제다이빙시간(ADT)(분)
평균수심(AVG DEPTH)(M)
총다이빙시간(TDT) (분)</td></tr>
<tr><td>디이빙회수
DIVING NO.</td><td colspan="2"></td><td>총잠수시간
TOTAL DIVING TIME</td><td></td></tr>
<tr><td>강사성명
INSTRUCTOR NAME</td><td colspan="2"></td><td>강사서명
INSTRUCTOR SIGN</td><td></td></tr>
</table>

11-6. 재압치료시설

<table>
<tr><td rowspan="2">해군해양의학
적성훈련원</td><td>경남 진해시 현동 사서함 602-17</td></tr>
<tr><td>055)549-0911</td></tr>
<tr><td rowspan="2">부산 고신대학교
복음병원
고압산소 치료실</td><td>부산시 서구 안남동 34번지</td></tr>
<tr><td>051)990-6114(代)
051)990-6175(직) 051)990-6200(응급실)</td></tr>
<tr><td rowspan="2">한국잠수
응급구난망</td><td>경남 통영시 정량동 1379-4. 통영세계로병원</td></tr>
<tr><td>055)649-7115</td></tr>
<tr><td rowspan="2">장목잠수기 조합</td><td>경남 거제시 장목면 장목리</td></tr>
<tr><td>055)635-1005(조합)
055)635-5161(챔버)</td></tr>
</table>

11-7. 참고문헌

김광휘. 파워스쿠버 다이빙. 삼호미디어
김상겸외. 스포츠 스쿠버 다이빙. 씨코출판
김종학외. 알기쉬운 스킨스쿠버.케이출판사
대한적십자사. 응급처치교재
사단법인 한국잠수협회. 잠수이론과 실기, 도서출판 좋은 책을 만드는 사람들
양근택. 다이빙 이론과 실제. 풍등출판사
이원교외. 스킨스쿠버 플러스. 도서출판 대경북스
이원교외. 5일이면 당신도 멋진 스쿠버 다이버. (주)상지피엔아이
이한기외. 해부생리학. 고문사
정의욱. 어드밴스드 다이빙.풍등출판사
해양의료원. 잠수의학 제2판
ANOUSKA GOOD ETC. THE DIVERS HANDBOOK. ALAN MOUNTAIN
BSAC. 스포츠 다이빙
NOAA. NOAA DIVING MANUAL
NAUI. ADVANCED DIVING
NAUI. ADVENTURES IN SCUBA DIVING
PADI. ADVENTURES DIVING
PADI. OPEN WATER DIVING MANUAL
SSI. OPEN WATER DIVER